아버지와 아들 이야기

백제 곤지와 동성왕

아버지와 아들 이야기 백제 곤지와 동성왕

발행일	2017년 5월 29일

지은이	오윤 성춘		
펴낸이	손 형 국		
펴낸곳	(주)북랩		
편집인	선일영	편집	이종무, 권혁신, 송재병, 최예은
디자인	이현수, 이정아, 김민하, 한수희	제작	박기성, 황동현, 구성우
마케팅	김회란, 박진관		
출판등록	2004. 12. 1(제2012-000051호)		
주소	서울시 금천구 가산디지털 1로 168, 우림라이온스밸리 B동 B113, 114호		
홈페이지	www.book.co.kr		
전화번호	(02)2026-5777	팩스	(02)2026-5747

ISBN	979-11-5987-489-5 03910 (종이책) 979-11-5987-490-1 05910 (전자책)

이 도서의 국립중앙도서관 출판예정도서목록(CIP)은 서지정보유통지원시스템 홈페이지(http://seoji.nl.go.kr)와 국가자료공동목록시스템(http://www.nl.go.kr/kolisnet)에서 이용하실 수 있습니다. (CIP제어번호: CIP2017011978)

아버지와 아들 이야기

백제 곤지와 동성왕

오윤 성춘 지음

북랩 book Lab

한국과 일본의 우호 증진을 바라며
두 나라 국민에게 바칩니다.

　어디 가서 우리 고대사에 대해 좀 아는 티를 내면 상대방은 전공이 역사냐고 묻습니다. 필자는 하루 종일 영어 수업만 했으면 좋겠다고 생각한 적이 있었을 정도로 영어를 좋아하여 영어교육을 전공했고, 일본에서 8년 살면서 아오야마가쿠인[靑山學院]대학 대학원에서 영미문학 전공으로 석사학위를 취득했습니다. 이제 와 생각해 보니 세계사와 고문 시간도 재미있어하긴 했습니다.

　50대 초반에 3년간 덕수궁에서 (사)한국의재발견 소속인 '우리궁궐지킴이'로서 해설안내를 한 적이 있습니다. 시민들에게 더 알찬 역사를 들려 주기 위해 열심히 책을 읽었고 관련 강의에도 참석했습니다. 그러다가 최인호 님의 역사소설『잃어버린 왕국』을 읽고 나서는 관심이 백제로 쏠렸습니다. 관심의 방향은 자연스럽게 고대일본으로 옮겨 갔습니다. 이후에는 고구려를 거쳐 고조선으로 고대중국을 거쳐, 서쪽으로 페르시아와 히타이트를 거쳐, 북쪽으로 초원의 유목제국까지 뻗어갔다가 다시 한반도 백제로 돌아왔습니다. 그 이후에는 가야가 보이기 시작하더니 흉노족과 선비족 모용씨도 보였다가 진씨도 보였습니다.

책 제목은『아버지와 아들 이야기 백제 곤지와 동성왕』이라고 되어 있지만 사실 백제 동성왕에 대한 이야기라고 해야 할 정도로 동성왕에 대한 정보가 많습니다. 동성왕을 택한 이유는『일본천황 도래사』를 쓴 와타나베 미츠토시[渡邊光敏]의 글 때문이었습니다.

"일본 고대사는 왕권과 국가의 성립이 그 주제이므로 왕사 내지는 천황사라고 해도 좋을 것이다. (중략) 아시아적 시야에서 일본사를 보려고 한 것은 고대사 연구법에 새로운 방향을 부여하였다. (중략) 고대사 연구의 벽은 기록도 적고, 고고학적 방법으로는 역사 인물을 특정 지을 수 없기 때문이었다. (중략) 역사는 인간의 행동사이므로 사람으로부터 배경에 이르는 역사를 복원, 구축하지 않으면 안 된다. 우선 인물을 특정 지어야 한다."

왕이 곧 국가였던 시대에는 왕의 정복활동 기록이 곧 고대사임을 깨달았습니다. 그래서 관심을 가지게 된 인물이 일본열도에서 건너와 백제의 동성왕이 된 말다末多였습니다. 한일고대사에서 발자취를 남기고 있는 인물들은 거의 다 한반도에서 일본열도로 간 반면, 그는 일본열도에서 한반도로 건너와 백제의 왕이 되었기 때문입니다. 그는『일본서기』에는 말다라고 나오지만『삼국사기』에는 모대牟大로 나옵니다.

이 책은 그의 이름에 대해 언어학적 접근을 시도하면서 5세기 후반부터 6세기 초반에 걸친 말다의 변신 과정을 펼치고 있습니다. 웅략천황으로부터 백제의 왕이 되라는 명을 받고 한반도로 건너온 말다. 이후 구마나리를 문주왕에게 주었다느니 모대에게 주었다느니

하는 기록과 대가야의 하지왕이 남제에 조공한 것이 479년이라는 것에 착안하여 하지왕과 동일인물이라는 가설을 세웠습니다.

말다는 박비처를 도와 신라 소지마립간으로 만든 후 익산에서 잠시 본국이라는 나라의 왕이 되었고, 백제 동성왕이 되었습니다. 백제 본기에서 그의 최후는 백가의 칼에 맞아 죽은 것으로 나오지만, 필자는 죽지 않고 일본열도로 건너가 무열천황이 되었다고 추정하였습니다.

가실왕을 하지왕과 동일인물로 본다는 연구자들이 있음을 알고, 『일본서기』에서는 죽었다고 나오는 무열천황이 한반도로 다시 돌아와 대가야의 가실왕이 되었다는 가설을 또 세웠습니다. 마지막에는 신라의 법흥왕이 되어 살다가 죽는, 흉노족인 말다(모대)가 변신에 변신을 거듭하는 흥미진진하지만 골치도 좀 아플 것 같은 고대사를 나름 친절하게 설명하려고 애썼습니다.

필자의 말씀을 들은 몇몇 분들은 무슨 말 같지 않은 소리를 하냐고 하실 수도 있습니다. 하지만 일체의 선입견을 버리고 읽어 봐 주시면 고맙겠습니다. 그래도 도저히 납득이 가지 않으신다면 제가 현재 카페 지기로 있는 다음 카페(http://cafe.daum.net/sorysayee)로 오셔서 질문도 해 주시고 나무라기도 해주셨으면 하는 바람입니다.

『비류백제와 일본의 국가기원』과 『한중일 국가기원과 그 역사』를 쓰신 김성호 님은 "정사는 원래 승자의 기록이어서 단순한 해석대상이기보다 퍼즐 맞추기처럼 진상을 재구성해야 할 복원 대상"이라고 하셨습니다. 그렇지 않으면 기성의 역사적 사실에 고정되어 한 걸음도 더 나아갈 수 없기 때문일 것입니다. 동성왕에게 초점을 맞추고 많은 책을 읽었으나 고대사는 그 정체를 드러내는 듯 하다가도 안개 속에 감추기를 여러 해 거듭했습니다. 하지만 그 점이 매력적이었습니다. 쉽게 풀리지 않는 사건을 맡은 사립탐정같이 고대사 놀이에 빠져 있다 보니 10년이 지나 갔습니다. 그러면서 이것이 나의 천명이 아닐까, 나의 역사적 사명이 아닐까 하는 생각을 갖게 되었습니다. 부산서 태어나 자랐고, 집은 마산인데다 충남 공주에서 대학을 다녔고, 거제도와 창원 등지에서 교편을 잡았습니다. 일본에서는 8년을 살았고, 그 이후에는 서울에서 쭉 20여 년을 살고 있는, 필자의 살아 온 자취 모두가 이 책을 쓰는 데 큰 도움을 주기 위해 그랬던 것 같은 생각이 들어서 어서 이 숙제를 마무리 지어야 자기 인생에 대해 덜 미안할 것 같았습니다.

이 세상에 태어나 열심히 살았다는 증표로 이 책을 내고 싶었습니다. 공부 잘하는 딸 뒷바라지 잘해서 교수 만들었어야 했는데 그걸 못 했다고 간간히 안타까워하는 구순을 넘긴 어머니를 위해서라도 어머니 성까지 넣은 '오윤 성춘'이란 이름으로 된 책을 내고 싶어졌습니다. 그 어느 나라도 감히 넘볼 수 없는 9천 년이라는 긴 역사를 가진 대한민국을 사랑하는 사람으로서 우리의 고대사를 사람들에게 알려 주고 싶었습니다. 역사 전공자가 아니어서 망설여지기도 했지만 이나모리 카즈오[稲盛和夫] 님의 '새로운 일을 해낼 수 있는 사람은 그 분야에서 지식과 경험이 많은 전문가가 아닌, 모험심이 강한 사람' 이라는 말과, 유홍준 님의 '도처에 고수가 있다'는 말, 그리고 누군가가 '가짜 교수는 있어도 학문에는 프로, 아마추어가 없다'고 한 말에 용기를 내었습니다.

그럼에도 불구하고 이와 같은 노력도 어쩌면 truthfulness 즉, 자기가 믿고 싶은 것만 골라서 역사라고 주장하고 있는 게 않을까 하는 두려움이 들었습니다. 하지만 그냥 입 다물고 있는 것보다는 이러한 truthfulness 위에 나온 생각들이 있어야만 다른 누군가가 이것들을 밟고 딛고 올라섰을 때 더 멀리 시원하고 확실하며 멋진 고대사가 보일 거라 믿고, 대중 지성의 시대를 사는 지금, 고대사의 어둡고 깊은 동굴을 헤매고 있을 후배 연구자들에게 감히 흐릿한 길잡이라도 되었으면 좋겠다는 바람을 갖습니다.

끝으로, 어려운 고대사 원고를 거듭 봐 주시고, 멋지게 디자인하여 책으로 만들어 주신 북랩 관계자들께 감사 말씀 드립니다.

"But when we ignore or deny a part of our past, we fail to learn the lessons that history can teach us, and we neglect people who are part of that history. These people and their history can become invisible, and in time we can forget that they ought to be part of what we think of as history."

"하지만 우리가 우리의 과거의 일부를 무시하거나 부인할 경우 그 역사가 우리에게 가르쳐 줄 수 있는 교훈을 배울 수 없게 되고 그 역사의 일부인 사람들을 경시하게 된다. 그러면 이 사람들과 이들의 역사가 보이지 않게 되고 시간이 흐르면 그들이 우리가 역사라고 생각하는 것의 일부가 되어야 한다는 사실을 잊게 된다."

1장

말다未多, 일본열도에서
한반도로 건너오다

1. 이 사람은 누구

末多 / 牟大 / 摩牟 / 牟都 / 麻帝 / 牟太 / 泰 / 餘太 / 男弟 / 募秦

고대사 연구에 있어서 언어는 사상의 화석이고 민족의 원형을 추출해 내는 근간입니다. 거의 변동 없이 사용되어 온 지명 못지않게 소중한 역사적 자료가 인명인데, 지금의 우리 이름은 한글이나 한자, 심지어 영어발음식 로마자로 쓸 때도 그 소릿값은 거의 변함이 없는 데 반해 고대 사람들의 이름은 그렇지 않았습니다. 당시에는 소리를 기록할 문자가 한자 외에는 없었고, 한자로 적혀 있음에도 한·중·일 세 나라의 음운체계가 달라 비슷한 듯하나 조금씩 다르게 표기되었습니다. 또한 현재는 한자를 표의문자로 사용하지만 당시에는 한자의 훈독과 음독을 섞어서 사용한 경우가 많아 그 의미를 따지기 이전에 일단 소리를 내 보는 일이 아주 중요합니다.

이 사람은 누구일까요? 그의 이름은 『일본서기』에서는 말다末多로 나오고, 『삼국사기』 백제본기 동성왕기의 앞부분에서는 모대牟大라고 하면서 마모摩牟라고도 쓴다고 나오고, 23년 12월조가 끝나고 붙은 주석에서는 모도牟都라고 나옵니다. 그리고 『삼국유사』 왕력 편에서는 마제麻帝라고 나옵니다. 일단 여기까지 언급된 이름을 모아 보면

'말다, 모대, 마모, 모도, 마제'로 다섯 가지입니다. 눈으로 보면 제각
각 다른 한자를 사용하고 있어 다섯 명의 다른 사람 이름으로 보일
것입니다. 하지만 소리 내어 보면 한 사람의 이름임을 확인할 수 있
습니다. 소리 내어 보기 전에, 일본어를 좀 알 필요가 있습니다. 왜냐
하면 고대 한반도에서 일본열도로 건너간 사람들의 말이 현대 일본
어의 근간이 된 데다가, 지금 우리가 한자를 읽는 방식은 세종대왕이
한글을 창제한 후에 고착된 방식이므로 우리의 옛말 소리는 오히려
일본어에 많이 남아 있을 것으로 생각되기 때문입니다.

말다末多

'마다'로 발음되었을 것입니다. 고대에는 받침은 잘 발음하지 않았
고, ㅌ보다는 ㄷ으로 편하게 발음했을 것이기 때문입니다.

모대牟大

일본어로는 '모다이/모타이' 또는 '무다이/무타이'로 발음되는데,
ㅌ보다는 ㄷ으로 하고 끝 음인 '이'를 생략하는 것이 발음하기 편하므
로 '모다/무다'로 발음되었을 것입니다.

마모摩牟

'마모/마무'로 읽힙니다. 『조선상고사』를 쓴 신채호 님이 "왕의 이름
은 마모대摩牟大이니, 전사前史에 마모摩牟라 쓴 것은 끝의 한 자를 생
략한 것이고 모대牟大라고 쓴 것은 위의 한 자를 생략한 것이다"라고
한 것을 존중하면 마모대摩牟大에서 끝의 한 글자를 생략한 것이 되겠
습니다. 이 마摩는 일본어에서 진眞과 소리가 같아 진眞으로 바뀌기
도 하고, 또 진秦으로도 바뀌어 나오기도 합니다.

모도牟都

일본어로 '모토/무토' '모츠/무츠'가 되겠는데, 고대에는 '모도/무도', '모츠/무츠', '모즈/무즈', '모치/무치', '모지/무지' 등으로 발음되었을 것으로 생각됩니다.

마제麻帝

일본식 한자 읽기로는 '마테이'입니다. 고대에는 '애' 또는 '에'를 '아'로 발음하는 경향이 있었습니다. 그리고 지금도 한국인이 일본어를 발음할 때 영어에서 그렇듯이 [d]와 [t]를 엄밀하게 구분하지 않는 경향이 많고, 현 일본어에서도 탈락 내지는 생략되는 경향이 있는 맨끝소리 '이'는 예전에는 더 심했다고 생각되어 결국은 '마다'로 소리 나지 않았을까 싶습니다.

소리를 내어 보니 '마다', '모다/무다', '마모/마무', '모도/무도 모즈/무츠 모즈/무즈 모치/무치 모지/무지', '마다'가 되었습니다. 누구인지 가려내기가 어렵습니다. 단박에 가르쳐 주는 기사가 『삼국사기』 백제본기 동성왕기 마지막에 붙은, 『책부원구冊府元龜』에 실렸다고 하면서 소개한 기사에 나옵니다.

남제 건원 2년에 백제왕 모도牟都가 사신을 보내어 조공을 드리니 조서를 내리기를 (중략) 곧 사지절도독 백제제군사 진동대장군을 제수함이 옳다 (중략) 또 영명 8년에 백제왕 모대牟大가 사신을 보내어 표를 올리므로 (중략) 대(모대)를 책명하며 망조부 모도牟都를 세습하여 백제왕으로 삼고 (중략) 행도독 백제제군사 진동대장군 백제왕을 삼는다.

남제 건원 2년은 480년입니다. 480년의 백제왕은 동성왕이니까 모도는 동성왕이 됩니다. 따라서 앞에서 언급된 이름들은 다 백제왕 동성왕의 이름이었습니다. 이어서 나오는 영명 8년이란 490년으로, 역시 이때의 백제의 왕도 동성왕이었고, 대(모대)로 나오는 그의 이름은 앞에서 설명이 되었습니다.

우리의 생각과 달리 고대 우리의 조상들은 중국대륙과 일본열도와 상상 이상으로 많은 교류를 하면서 살았습니다. 앞에서 『일본서기』, 『삼국사기』, 『삼국유사』에 기록된 동성왕의 이름들에 대해 살펴보았으니 이제부터는 주로 중국대륙의 역사서에서 동성왕의 이름이 어떻게 기록되어 있는지 알아보겠습니다.

모태牟太 혹은 모대牟大

『양서』 백제전에서는 모태牟太 혹은 모대牟大로 기록되어 나옵니다. 모대는 앞에서 언급된 이름이니 제외하고 모태를 소리내어 보면 한국식으로는 '모태', 일본식으로는 '모타이/무타이', 중국식으로는 '모우타이/무타이'가 되겠습니다.

태泰

『남사』 제기 영명 8년의 기사에 "백제왕 태泰를 진동대장군으로 삼는다"고 되어 있습니다. 태는 한국식으로는 '태', 일본식으로는 '타이', 중국식으로도 '타이'가 되겠습니다. 영명 8년은 서력 490년으로 이때의 백제왕은 동성왕이므로 동성왕의 이름이 '태'임을 알 수 있습니다.

여태餘太

『양직공도』백제국사 제기에는 "齊永明中其王餘太 皆受中國官爵 梁 初以太 爲征東將軍"라는 구절이 있는데, "여태餘太가 제나라 영명 연 간에 중국 관작을 받았고 양나라 초에는 정동장군 호를 받았다"는 내용입니다. 백제왕실의 성인 '여餘'를 떼면 남는 이름 '태'는 앞에서 설 명이 되었습니다. 제나라 영명 연간이라면 483년에서 493년이고 이 때의 백제왕은 동성왕이니까 '여태'는 동성왕입니다.

모대牟大

『남사』백제전에 거의 동일한 내용인 "慶死立子牟都. 都死立子牟大. 齊永明中除大都督百濟諸軍事鎭東大將軍百濟王. 梁天監元年進大號征 東將軍"이 나옵니다. 즉, "경慶이 죽고 모도牟都를 태자로 세웠고, 도 都가 죽어 모대牟大를 태자로 세웠다"는 내용이 앞에 나오고, 『양직공 도』백제국사 제기에 나왔던 내용과 대동소이한 내용, 즉 "제나라 영 명 연간에 대도독백제제군사 진동대장군 백제왕을 제수했고, 양나 라 천감 원년에는 정동장군을 제수했다"는 것이 이어져 나옵니다. 목 적어가 보이지 않지만 문맥상 앞에서 언급된 모대牟大입니다. 『양직공 도』백제국사 제기와 다른 점은 이름이 여태餘太에서 모대牟大로 바 뀌었다는 것입니다. 모대라는 이름은 앞에서 설명이 되었습니다. 천 감 원년에 해당하는 502년에는 동성왕은 백제본기에서 501년에 죽 었다고 나오므로 죽은 사람입니다. 하지만 필자는 동성왕이 죽지 않 고 쫓겨서 다시 일본열도로 돌아갔다고 생각하는데, 이 해에 일본열 도에서 중국 양나라에 조공사절을 보낸 사람이 있기 때문입니다. 바로 필자가 동성왕과 동일인물로 보고 있는 무열천황입니다. 502년은 백제 동성왕에서 왜 무열천황으로 변신한 과도기였기 때문에『남사』의 백제전에 나왔다고 볼 수도 있겠지만 앞 기사에서 나온 백제왕과 같은 인물이었기 때문에 백제전에 나왔다고 봅니다. 502년은 양나라가 건국된 해이기 때문에 이때의 조공사절은 아마도 건국을 축하하는 사절이 아니었을까 싶습니다. 웅략천황의 도움을 받긴 했지만 말다는 남제가 건국된 479년에도 소도성의 남제 건국을 축하하는 조공사절을 보낸 적이 있었으니까요.

한편, 양나라 천감 원년이 502년이므로『삼국사기』연표에서 무령왕기가 바로 502년부터 시작하니까 백제의 무령왕을 떠올리겠지만, 무령왕은 아닙니다. 그 이유를 대자면 백제본기에서는 무령왕이 처음 중국대륙에 사신을 보낸 것은 12년, 즉 512년에야 나오기 때문입니다. 그리고 더 확실히 하기 위해 이름을 따져 보면 되는데, 무령왕의 이름은 사마와 융으로 두 가지가 있습니다. 사마라는 이름은『일본서기』와 무령왕릉 묘지석에서 나오고, 융이라는 이름은 백제본기 무령왕 21년 12월조에 나오는데 중국 양나라 고조가 조서를 내려 책봉하면서 '백제왕 여융'이라고 불렀습니다.

역사서가 아닌 청동거울에 새겨진 남제라는 이름도 있습니다.

남제男弟

503년 백제의 무령왕은 일본의 스다하치만 신사에 보관되어 있는 인물화상경을 왜의 남제왕에게 보내 그의 장수를 기원했습니다. 남제왕이『일본서기』에 나오지 않는 것을 보니 무령왕을 사마왕이라고 하듯이 남제라는 이름에 왕을 붙인 것 같습니다. 많은 사람들이 남제왕을 계체천황으로 알고 있는데 정말 그럴까요?

앞에서 필자는 사람 이름의 경우에 한자를 소리 내서 읽어 보는 것이 좋은 방법이라고 했지만 여기서는 그것이 통하지 않습니다. 남제 男弟를 지금의 방식대로 한자 읽기를 해서는 아무것도 건질 것이 없기 때문입니다. 한자 뜻풀이를 해서 나오는 '남자 동생' 또한 아무것도 말해 주지 않습니다. 여기서는 '남男'을 '남을 여'라고 할 수 있어야 풀립니다. 그러니까 '남'은 곧 백제왕실의 성인 '여'를 가리키는 것입니다. '제弟'는 일본어로 '다이/테이/데'이지만, 끝소리 '이'는 잘 생략되었고, 고대에는 복모음보다는 단모음으로 즉 '에 또는 애' 보다는 '아'로, ㅌ보다는 ㄷ으로 발음되었을 것으로 생각되므로 '다'가 됩니다. 이것에 백제왕실의 성씨인 '여'를 붙이면 '여다'가 되어 앞에 나온 이름인 여태餘太와 같게 됩니다. 또한 거울에 새겨진 계미년은 503년이므로 그때는 무열천황 시대였습니다. 바로 동성왕이 변신한 무열천황이지, 계체천황이 아닙니다. 그는 동성왕으로 있다가 정세가 불리해지자 출신지인 일본열도로 되돌아간 것입니다.

모진募秦

신라본기에서도 비슷하게 발음이 되는 왕의 이름이 보이므로, 가 보겠습니다. 신라본기 법흥왕 8년조에 "양나라에 사신을 보내어 토산물을 바쳤다"고 나오는데, 같은 내용이 『양서』 신라전에 "보통 2년에 성은 募, 이름은 秦이라는 왕이 처음으로 사신을 보냈는데, 백제를 따라와 방물을 바쳤다"고 나옵니다. 양나라의 보통 2년은 법흥왕 8년이고 서력으로는 521년이 되므로 두 기사의 연대가 일치합니다. '성은 모募, 이름은 진秦'이라고 했으니 법흥왕이 모진募秦이었네요. 혹 독자 가운데서는 앞에서 태泰라는 이름이 나왔기 때문에 언뜻 봐서는 태泰와 진秦이 서로 글자 모양이 비슷하니 잘못 기록되었다고 생각할 수도 있겠지만 그렇지 않습니다. 진秦은 당시는 받침은 거의 발음하지 않았으므로 '지' 또는 '치'로 발음되었다고 봅니다. 그래서 모진은 '모지/모치'로 발음되어 앞에서 나온 이름인 '모도牟都'와 같습니다. 이렇게 하여 신라 법흥왕은 백제 동성왕임이 밝혀집니다.

2. 웅략천황雄略天皇은 곤지왕, 곤지는 웅략천황과 동일인물

곤지왕 신사＝아스카베[飛鳥戶] 신사

한국 고대사에 나오는 왕들은 다 한반도에서 태어나고 자라서 왕이 되었을까요? 그렇지 않습니다. 일본열도에서 한반도로 와서 백제의 왕이 된 인물이 있는데, 『일본서기』 웅략천황 23년 여름 4월조 기사는 백제의 동성왕이 그 사람임을 말해 줍니다.

23년 夏 4월, 백제의 문근왕(삼근왕)이 薨하였다. 천황이 昆支王(5년 4월조에 軍君이라고 한 사람)의 5인의 아들 중, 제2 末多王이 젊고 총명하므로, 칙하여 궁중에 불렀다. 친히 머리를 쓰다듬으며, 타이르심이 은근하여 그 나라(백제)의 왕으로 하였다. 무기를 주고, 아울러 츠쿠시筑紫국의 군사 500인을 보내 나라에 호송하였다. 이를 東城王이라 한다.

백제본기 동성왕기의 첫 부분에서 동성왕이 곤지의 아들이라고 나오니 여기 나오는 곤지왕이 곤지와 동일인물임을 알 수 있습니다. 곤지는 문주왕의 동생으로서 내신좌평이었는데, 여기서는 곤지왕으로 나오고, 곤지의 아들인 말다 또한 말다왕으로 나오는 것이 의아스럽습니다.

백제의 내신좌평 곤지가 왜 『일본서기』에서는 곤지왕으로 적혀 나오는 것일까요? 곤지의 아들인 말다가 왜 말다왕으로 나오는 것일까요? 아무리 하루아침에 왕통이 바뀌는 고대라고 해도 백제왕이 죽자 왜왕이 보낸 사람이 백제의 그다음 왕이 되었다는 말을 어떻게 해석해야 할까요? 왜 웅략천황은 자신의 아들이 아닌 곤지(왕)의 아들을 백제 왕위에 앉혔을까요? 말다의 아버지인 곤지가 아들인 말다를 위해 무엇을 했다는 말은 없고, 웅략천황이 마치 아버지가 아들에게 하는 양 말다왕을 궁 안까지 불러들여 친히 머리를 쓰다듬고 은근하게 타일러서 무기와 군사를 붙여서 한반도로 보냈다고 하는 것은 또 무슨 말인지요?

이 모든 것은 곤지(왕)가 웅략천황이고, 웅략천황이 곤지(왕)라면 다 해결이 되므로, 두 사람의 발자취를 따라가면서 동일인물임을 밝혀 보도록 하겠습니다. 백제본기에서는 문주왕 때 내신좌평으로 나오는 곤지가 『일본서기』에서는 곤지왕이라고 하여 이름에 '왕'이라는

아스카베[飛鳥戸] 신사

칭호가 붙어 있으니 일본열도에서는 곤지가 왕이었나 봅니다. 마침 '곤지왕 신사'가 오사카부 하비키노시에 있는데, 현재는 아스카베[飛鳥戶] 신사로 되어 있습니다. 그 근처에 6세기에서 8세기에 축조된 것으로 추측되는 아스카센츠카[飛鳥千塚]라는 무덤 떼가 있는 것으로 보아 그곳이 그의 후손들이 모여 살았던 곳이자 그의 중심 세력권이었을 것으로 보입니다.

곤지왕은 백제 비유왕의 아들

『신찬성씨록』에서 곤지의 출자는 아스카베노미야츠코[飛鳥戶造]로서 비유왕의 아들로 나옵니다. 아스카베노미야츠코는 곤지 외에도 백제의 말다왕, 즉 동성왕이 있습니다. 동성왕을 기준으로 보면 할아버지 비유왕, 아버지 곤지왕, 그리고 본인의 순이 되겠습니다. 그런데, 비유왕과 말다왕, 즉 동성왕 앞에는 백제라는 나라 이름이 붙어 있는데 곤지왕에는 붙어 있지 않은 것이 눈에 띕니다. 사실 그는 백제의 왕이 되지는 않았지요.

飛鳥戶造; 出自百濟國比有王也(우경제번)
飛鳥戶造; 出自百濟國主比有王男琨伎王也(하내국제번)
飛鳥戶造; 百濟國末多王之後也(하내국제번)
飛鳥部; 百濟國人國本木吉志之後也(좌경제번)

아스카베[飛鳥部]는 백제국 사람인 국본목길지[國本木吉志]의 후손이라고 하는데, 열도한어식으로 읽으면 國은 '쿠니, 쿤, 큰'이 되고, 本은 음독으로는 '혼, 본', 훈독으로는 '모토'가 됩니다. 또한 本은 몽골어로는 '바안'으로 발음되어 모용선비족이라고 할 때의 '모용'에 해당하는 한자입니다. 木吉志에서는 木과 大가 글자꼴이 비슷한 데서 온 오류라고 생각되므로 목木이 아니라 대大가 맞다고 보고, 한국식으로는 '대길지', 일본식으로는 훈독과 음독을 차례로 사용하여 나오는 소리인 '큰/콘키시'가 되어 '콘키시'라고 소리 내겠습니다. 이렇게 소리를 내어 보니 북방민족의 말인 건길지鞬吉支와 같아 '건길지, 컨키시, 큰/콘키시'가 되어 '대왕'을 뜻한다는 것을 알 수가 있지요. 그래서 국본대길지國本大吉志는 '큰바안큰키시'로 큰모용대왕, 곧 대본대왕大本大王이란 의미가 되겠습니다. 여기서 일본열도에 모용선비족이 들어왔다는 것과 그 모용선비족이 백제 사람이었다는 것을 알 수 있습니다.

정로장군 좌현왕 여곤

『송서』 백제전에 의하면, 개로왕이 대명 2년 즉, 458년에 송나라에 송사하고 표문을 올려 우현왕 여기를 비롯한 11명 신하들의 작호를 요청했다고 합니다. 그 중 정로장군을 제수받은 좌현왕 여곤이 곤지인데, 여곤이라는 이름은 백제 왕실 성인 '여'에 이름인 '곤'을 붙인 것입니다.

'좌현왕'이라는 칭호는 흉노에서는 선우의 뒤를 잇는 2인자로서 보통 왕위계승권을 가진 태자에 붙는 말이라고 하니 좌현왕 여곤은 개로왕 다음의 백제 왕위를 찜해 놓은 인물로 봐도 되겠습니다. 그것은 무령왕의 출생설화를 통해서도 알 수가 있습니다. 곤지가 개로왕의 명을 받아 일본으로 도왜할 때 개로왕의 애첩을 달라고 한 것에 대해 어찌 그럴 수가 있냐고 하면서 괴상하다고 하는 사람도 있고, 무령왕이 곤지의 아들이라고 하는 등 말이 많습니다. 설화 해석기법에서 '여인'은 '영토'를 상징하므로 '백제'를 의미하고, '여인'을 주었으므로 '백제'에 대한 지배권을 준 것입니다. 즉 곤지는 개로왕 다음 백제 왕위를 약속받은 것으로 해석됩니다. 하지만, 아이가 태어나자 '도로 돌려보냈으니' 설화 해석기법에서 아이의 출생이 의미하는 새로운 왕조의 성립 또는 왕권의 수복을 의미하고 있는 것입니다.

신라본기 자비마립간기에 나오는 왜인은 웅략천황의 군사

458년 송나라로부터 정로장군을 제수받은 곤지는 이후 개로왕의 군사면을 담당하여 대단한 활약상을 보이는데, 그 모습은 신라본기 자비마립간기에 연이어 드러납니다.

2년 (중략) 여름 4월에 왜인이 병선 100여 척을 이끌고 동변을 습격하고서 월성을 포위하여 (후략)

여기 나오는 '왜인'이 바로 정로장군 좌현왕 여곤의 군사입니다. 그런데 신라본기에서는 왜 그의 군사를 왜인이라고 했을까요? 그것은 여곤, 곧 곤지가 이미 왜의 웅략천황으로 재위해 있었기 때문입니다. 자비마립간 2년은 459년으로 웅략천황의 재위기간입니다. 그래서 위의 기사가 바로 곤지가 웅략천황이라는 것을 말해 주는 것입니다.

4년 (중략) 여름 4월에 용이 금성 우물 속에 나타났다

신라본기에는 용이 금성 우물 속에 나타났다고 하는 기사가 군데군데 보이는데, 그럴 때마다 왕이 교체되었습니다. 용은 왕을 상징하는 말로, 용이 나타났다 함은 정변을 의미하지만 위의 기사가 나오는 데서는 자비마립간이 돌아갔다고 나오지 않으므로 정변이 일어나지 않았던 것으로 보입니다. 사실 여기 나오는 용의 목적은 신라 자비마 립간을 무너뜨리는 것이 아니었습니다. 백제 비유왕을 무너뜨린 '흑룡'이 일본열도로 날아가 왜왕으로 군림하면서 백제가 바친 여성을 함부로 하자 격분한 개로왕의 요청을 받은 곤지가 일본열도로 건너가 는 도중에 신라에 나타났기 때문에 이런 기사가 실린 것입니다. 이 기 사에서 '용'은 곤지를 의미하고, 용은 왕을 의미하므로 곤지가 왕이라 는 것이지요. 이것 또한 곤지가 웅략천황이라는 것을 말해 주는 기사 인 것입니다. 곤지가 백제의 왕이 된 적은 없으니까요.

아무리 곤지가 정로장군이라고 해도 아버지 비유왕이 '흑룡'에게 당하여 백제라는 나라가 거의 없어진 판에 왕자이긴 하지만 단순 백 제인으로서의 곤지에게 이만한 병력이 있었을 거라고 생각하기는 어 렵습니다. 그는 이미 왜의 왕, 즉 웅략천황이었던 것입니다. 『일본서 기』에서 곤지는 군군軍君으로 나오는데, 일본어식으로 군軍을 '쿤', 군 君을 '키미'로 발음하면 '쿤/큰 키미'가 됩니다. 즉 큰 왕, 대왕이 되는 데, 일본역사에서 대왕으로 군림한 인물은 웅략천황뿐입니다. 이중 적으로 글자를 사용한 옛사람의 재치가 엿보이네요.

5년 여름 5월에 왜인이 활개성을 습격하여 부수고 (후략)
6년 봄 2월에 왜인이 갈량성을 침범하였으나 (후략)

연이어 자비마립간 5년 462년 여름 5월에 활개성을 습격하여 1,000명을 사로잡아 갔고, 이듬해인 6년 463년 봄 2월에도 감량성을 침범하였으나 이기지 못하고 돌아갔다고 하는 이 왜인은 다 곤지가 변신한 왜의 웅략천황의 군대였습니다.

백제 천도에 앞장서는 웅략천황

천황은 백제가 고구려에 의해 파멸하였다고 듣고, 구마나리久麻那利를 문주왕에게 주고, 그 나라를 다시 일으켰다. 그때 사람들이 다 "백제국은 일족이 이미 망하여 창하에 모여 걱정한다 하였지만 실은 천황의 덕으로 다시 그 나라를 일으켰다"라고 말하였다.

서력 477년에 해당하는 웅략천황 21년조입니다. 백제본기와 연대가 조금 다르지만 여기 나오는 '천황'은 웅략천황을 가리킵니다. 웅략천황이 곤지가 아니고서는 당시 백제를 위하여 이런 일을 할 사람이 없습니다. 비유왕 때 끊긴 백제의 왕통이 자신이 왕으로 만들다시피 한 개로왕에 의해 이어졌으나 개로왕이 475년에 고구려의 장수왕에 의해 죽임을 당하여 또다시 끊겼으니 백제에 애착이 많았다고 보아야지요. 그래서 웅략천황은 이후 문주왕이 구마나리로 천도할 수 있게 도왔을 뿐 아니라 백제본기에서는 곤지라는 이름으로 문주왕의 내신좌평도 맡습니다.

곤지, 일본열도로 되돌아가다

백제본기에서는 문주왕의 내신좌평으로 있던 곤지가 477년에 '흑룡'에게 당하여 죽었다고 나옵니다. 하지만 그는 죽지 않았고 일본열도로 되돌아갔습니다. 고대 신화와 설화에서는 어떤 사람이 권력을 상실하는 것을 그 사람의 죽음으로 표현하는 사례가 흔합니다. 따라서 사람이 죽었다는 기록을 보게 되면 곧이곧대로 죽었다고 믿기보다는 자의에 의해서든 타의에 의해서든 권력에서 물러나 어디로 가버렸다고 볼 줄도 알아야 합니다. 잘 살다가도 일본어 표현으로 '증발'해 버린 경우도 허다했으니까요.

477년 백제에 흑룡이 나타났을 때 곤지는 죽지 않았고 일본열도로 되돌아가 아들 말다를 백제왕으로 삼으려고 한반도로 보냈고, 한반도로 간 말다는 가라국의 하지왕이 되었습니다. 479년에는 그 하지왕과 같이 중국대륙의 남조 남제에 조공한 후에 그 해 479년에 죽었습니다. 『일본서기』 웅략천황 22년 봄 정월조에서 청녕(천황)을 태자로 세웠다는 기사로써 웅략천황의 죽음을 예고하고, 479년인 23년 8월조에서 웅략천황이 죽었다고 나옵니다.

곤지는 자신을 제신으로 모시고 있는 신사가 있을 정도로 일본열도에 세거지가 있었고, 475년 고구려 장수왕의 침공으로 개로왕이 죽었을 때 문주(왕)가 백제를 재건할 수 있도록 도와주었던 사람이 웅략천황이었기 때문에 웅략천황과 곤지는 동일인물입니다. 그래서 웅략천황, 곧 곤지왕은 자신의 둘째 아들을 백제의 왕으로 삼기 위해 한반도로 보냈던 것입니다. 궁중으로 불러들여, 친히 머리를 쓰다듬으며 은근하게 타일렀다는 대목에서는 웅략천황이 말다의 아버지 같다는 느낌이 확 들지 않습니까. 말다 또한 아버지 곤지왕처럼 '왕'이 붙어 있었습니다. 그가 웅략천황의 아들이 아니고, 단지 백제 문주왕의 내신좌평으로서의 곤지라는 사람의 아들이었다면 '왕'이라는 칭호가 붙었을까요? 게다가 웅략천황과 말다왕의 시호가 닮았습니다. 웅략천황의 시호는 대박뢰유무大泊瀬幼武 대박뢰유무약건명大泊瀬幼武若建命 또는 대박뢰약무大泊瀬若武입니다. 동성왕은 후에 백제의 왕위에서 물러난 후에는 일본열도로 가 무열천황으로『일본서기』에 등재되는데, 그때의 시호가 소박뢰치초료小泊瀬稚鷦鷯입니다. 이렇게 시호에서도 부자지간임이 느껴집니다. 동성왕이 무열천황으로 변신하는 것에 대해서는 후술하겠습니다.

앞에서 살펴본 바와 같이 웅략천황은 곤지와 동일인물로, 백제 비유왕의 아들이었고, 458년에는 중국대륙의 송나라로부터 정로장군을 수여받은 좌현왕 여곤이었고, 문주왕 때는 내신좌평이었고, 477년에는 아들 말다를 백제로 보내 동성왕이 되게 한 사람이었습니다. 무武에 능해 중국대륙에 왜왕 武로 알려진 그는 개로왕에 이어 문주왕, 그리고 동성왕까지 세 명을 백제의 왕으로 세운 '킹 메이커'였다고도 말할 수 있겠습니다.

웅략천황은 가라국 취희왕이었다

곤지는 왜의 웅략천황으로 일본열도에서 죽었지만 그는 한반도에 분명한 족적을 남겼습니다. 일본열도로 가서 왜왕이 되기 전 한반도에 남긴 그의 발자취를 찾아가 보겠습니다.

한국 최초의 향가집은『삼대목』입니다. 하지만 이것은『삼국사기』에 진성여왕 2년인 888년에 왕명을 받아 각간 위홍과 대구화상이 편찬하였다고 기록만 되어 있을 뿐, 현재는 전해 내려오지 않는데 일본에는 거의 비슷한 시기에 만들어진『만엽집』이 있습니다.『만엽집』은 총 20권 4천 5백 16수가 전해지고 있는 가운데, 권1 제1번가가 웅략천황 어제로 되어 있습니다. 이두를 이해하지 못하고 한자해석만 하는 일본인 연구자들은 이 노래를 들에서 나물 캐는 소녀에게 프러포즈를 하는 목가적인 노래로 해석합니다. 처문가妻問歌라고 하면서 애송하는 사람들도 꽤 있다는데, 이런 해석은 납득하기 어렵습니다. 왜냐하면 일본에서는 웅략천황을 치천하治天下를 한 천황으로 인정하여 그를 기준으로 이전 시대와 구분해서 보는데, 그런 왕의 어제라고 하면서 맨 앞에 실려 있는 노래가 한낱 처녀에게 사랑을 구하는 노래라면 그 품격에 어울리지도 않고, 굳이 권1 제1번가일 이유가 있을까 싶어서입니다. 한국인이라면 전문 연구자가 아니더라도 소리 내어 읽어보기만 하면 금방 뭔가 뜻이 잡힙니다.

노래 (1)

籠毛與 美籠母乳 布久思毛與 美夫君志持
此岳? 菜採須兒 家吉閑名 名告紗根
虛見津 山跡乃國者 押奈戶手 吾許曾居
師吉名倍手 吾己曾座
我許背齒 告目 家呼毛名雄母(1)

노래 (1)은 한자의 음을 빌어서 적은 초기 이두로 적힌 노래로, 『もう一つの萬葉集』의 저자 이영희 님은 당시 일본열도에 살고 있는 한반도계 동포를 향해 지지와 단결을 호소한 정치연설, 즉 즉위선언서로 보고 있습니다. 단도직입적으로 말해서 이 노래는 사랑 노래가 아니라 웅략천황의 즉위 선언가입니다.

노래 (2)

龜(神), 龜(神)よ

首長, 首長よ

かしらが現われなされ

現ねば燒かむ

(よき)大和國

押さえて我こそ居れ

従えて我こそいます

我こそは〈背に〉告げよう(一)家をも名をも(2)

 노래 (2)는 노래 (1)을 일본어로 다듬은 것이라 훨씬 읽기 수월합니다. 그래서 노래 (2)를 좀 더 자세히 보면, 8행으로 되어 있고, 1행에서 4행까지는 한국의 『삼국유사』 권2 말미의 가락국기에 실려 있는 구지가와 아주 흡사합니다.

 구지가는 9간과 2, 3백 명의 사람들이 왕을 맞이하기 위하여 부른 노래로, 이에 응하여 하늘에서 김수로왕(의 5왕)이 내려오지요. 흔히 "거북, 거북아, 머리를 내놓아라. 안 드러내면 구워서 먹을 테다"라고 풀이하는 구지가는 일반적으로 딱딱하고 견고한 껍질 속에 몸을 숨기고 있어도 불에 태워 구우면 그 약점이 드러나는 거북의 특징을 노래하여, 거북으로 상징되는 기존의 수장들이 제꺼덕 나타나 항복하지 않은 상황에서 숨어 있지만 말고 좋게 말할 때 나오라고 대화를 시도하는 노래입니다. 그래서 전체적으로 볼 때 구지가는 새로운 왕을 맞이하는 영접가라기보다는 외부에서 들어온 정복자의 정복가라고 하는 게 더 맞습니다. 실은 이 노래는 흉노인 김씨 일단이 3세기 초에 변진구야국을 정복할 때 사용한 일종의 전술입니다. 어디선가 나타난 김수로왕 일행이 지금의 대성동 박물관 옆 애구지 언덕에 땅을 파 놓고 사람들을 선동하여 부르게 한 노래로, 기존의 수장들을 향하여 빨리 무릎을 꿇지 않으면 파묻어 버린다고 위협하며 윽박질렀던 선동가였습니다.

구지가와 마찬가지로 이 첫 부분은 각 고을의 수장들에게 빨리 무릎을 꿇고 새로운 우두머리를 맞이하라고 위협을 하는 요구가이자 영신군가입니다. 5행부터는 이에 대한 화답으로 만들어진 응답가이자 강신군가로 생각되는데, 한국의 구지가 관련 설화에서는 구지가에 응하여 하늘에서 김수로왕(외 5왕)이 내려오는 부분에 해당하지요.

웅략천황은 5세기 후반 큐슈에서 관동지방까지 정복활동을 할 때 이 노래를 이용했을 것으로 추정할 수 있습니다. 후에 일본이라는 나라가 생기고 나서 그 나라의 정체성을 확인하는 여러 작업 가운데서 웅략천황의 시대가 새로운 시대의 개막을 상징하고 있기 때문에 그가 지은 이 노래가 『만엽집』의 권1 제1번에 실린 것입니다.

여기서 필자는 웅략천황이 가락국의 왕이었다고 추정합니다. 웅략천황이 일본열도에서 태어나 일본열도에서 자라서 왜왕이 되었다면 어떻게 이 노래를 알았겠습니까. 가락국의 왕이었기 때문에 그 나라의 문화와 풍습을 알고 있었고, 김수로왕으로 상징되는 그 흉노인은 자신의 조상이었고, 그는 그 조상의 무용담을 담은 노래를 이용한 것이지요. 그 흉노인은 『일본서기』에 숭신천황으로 올려져 있는 인물입니다.

『삼국사기』 제3권 탑상 제4 금관성의 파사석탑조에서 "제8대 질지왕 2년 임진에 이르러서야 그 땅에 절을 짓고 또 황후사를 지어 - 아도와 눌지왕 세대에 있었고 법흥왕 전임 - 지금껏 복을 빌고 또한 남쪽 왜를 진압하고 있으니 이것은 가락국기에 자세히 보인다"는 기사가 있습니다. '남쪽 왜를 진압하고' 있다는 것에 주목해 보면. 남쪽 왜를 친 왕은 질지왕일 수도 있고 그 앞 왕인 취희왕吹希王일 수도 있습니다. 그러나 필자는 시간상으로 봤을 때 취희왕이라고 보는 것이 타당하다고 봅니다. 취희왕이 왜를 친 덕으로 질지왕 때는 왜를 진압하면서 살고 있다는 것이 되겠습니다.

취희왕은 『삼국유사』 권1 왕력에서는 김희金喜로 나오고, 『삼국유사』 권2 기이2 가락국기에서는 질가叱嘉로 표기되어 나옵니다. 그래서 '취희 = 김희'이므로 '취 = 김', '희希 = 희喜'가 성립되고, '취'가 '수이'로 발음되고 다시 '쇠'로 발음되어 '쇠금 자'인 '김金'과 같게 되는 것입니다. 취희왕은 가락국의 제7대 왕으로 영초 2년에 즉위하여 원가 28년 신묘 2월 3일에 죽어 31년을 다스렸다고 합니다. 『삼국사기』 연표에 따르면 취희왕의 재위 기간은 421~451년이지만 신묘년이라고 했으므로 서력으로 따졌을 때는 452년이 되기도 하겠습니다. 고대사에서 죽었다고 하는 기록은 이주를 의미하는 경우가 허다하므로 어디로 떠난 것으로 보이는데, 공교롭게도 딱 이 무렵에 일본열도에 등장한 인물이 웅략천황입니다. 『일본서기』에 웅략천황의 즉위는 457년으로 나와 있지만 웅략천황기는 452년부터 시작됩니다.

『왜5왕 문제와 한일관계』에서 「5세기의 일본열도」를 쓴 이근우 님이 "5세기 후반부터 일본열도의 국제(나라-코오리-무라)는 가야 국제(나라素那羅/須那羅-코오리背平/能備己富里-모리久斯牟羅)의 영향을 받았다는 사실을 확인할 수 있었다. 그리고 그 영향은 제도만의 전파가 아니라 가야인의 이주를 통한 것"이라고 하는 데에는 웅략천황이 가야의 취희왕이라는 사실도 크게 작용하고 있다고 하겠습니다. 그리고 웅략천황은 이전까지 일본열도에서 사용하던 책력을 버리고 원가력을 쓴 최초의 인물이라는데 이쯤 되면 그가 가야에서 일본열도로 갔다고 충분히 짐작할 수 있지요.

『일본서기』에 나오는 웅략천황의 시호는 대박뢰유무大泊瀨稚武입니다. 강길운 님은 이 이름을 '가야의 김수로왕의 왕도의 젊고 공격적인 임금'이라고 풀이하고 있습니다. 그래서 '공격적'이란 말뜻과 같은 무武나 웅략雄略이 쓰인 것이므로 웅략천황은 가락국의 김희왕이 변신했다고 볼 수 있다고 합니다. 이를 따르면 취희왕의 이름은 김무金武입니다. 고대에는 성은 빼고 이름만 부르는 경향이 보이는데, 예를 들면 고국원왕을 '쇠', 근구수왕을 '수', 응신천황을 '례/녜', 고구려 장수왕을 '련'이라고 부르니 취희왕은 '무'라고 불렸을 것입니다. 마침 왜5왕 중에 왜무왕이 있는데, 이 왕은 일본에서 웅략천황과 동일인물로 생각되고 있습니다.

3. 5세기 한반도로 들어온 모용선비족

웅략천황의 출신

웅략천황은 일본 역사에 나오는 왜왕이지만, 앞에서 알아본 바와 같이 그는 곤지였고, 백제 비유왕의 아들이자 백제 동성왕의 아버지이므로 우리 역사 속 인물이라고 말해도 무방하겠습니다. 아버지가 백제 비유왕이었으므로 백제 출신이라고 말해야 하겠지만, 선뜻 백제 출신이라고 말할 수가 없는 것이, 비유왕 또한 일본열도에서 와 쿠데타로 백제 구이신왕을 몰아냈기 때문입니다.

웅략천황이 어디 출신인지 찾아내는 것이 힘든 가운데 그가 『고사기』에서 대장곡약건명大長谷若建命으로 나오고, 즉위한 조창궁朝倉宮이 장곡 - 『일본서기』에서는 박뢰泊瀨로 나옴 - 에 있었다는 점에 착안하여 장곡과 관련이 있지 않나 싶습니다. 그렇다고 보면 장곡은 북연왕 풍발의 본가가 있었던 곳이기 때문에 북연과 관련이 됩니다. 북연왕 풍발은 장락 신도信都, 지금의 하북성 기주 사람으로, 화룡을 왕성으로 삼았지만 본가는 장곡에 있었습니다. 풍발의 아버지는 서연의 모용영의 장군으로 있었는데, 서연이 모용수에게 망하자 화룡(용성)으로 옮겨 장곡에 살았습니다. 비록 풍발이 한인이지만 북연은 삼연 중 하나인 모용선비족의 나라였으므로 '장곡'이라는 말로 미루어 보아 웅략천황이 모용선비족이 아닌가 싶기도 합니다.

한 편 '장곡'은 한반도에도 있었습니다. 충청남도 홍성의 남쪽에 장곡면이 있는데, 이곳은 여양 진씨 성씨의 고향입니다. 웅략천황이 송나라와 제나라에 요청한 작위에 마한은 보이지 않고 모한이 들어가 있습니다. 마한은 충청도와 전라도 지역을 가리키며 모한은 마한과 같은 말로 '모용씨의 마한'이라는 뜻으로 모한이라고 불렀다고 합니다. 이렇게 따져 보면 비록 한자는 다르지만 '진'씨이므로 관련이 있을 것 같습니다.

선비족이 세운 후연의 마지막 황제인 모용희는 폭군이어서 신하인 풍발에게 망했습니다. 풍발은 곧바로 자신이 천왕이 되지 않고, 모용보의 양자로 고구려 출신인 모용운(고구려인으로서의 이름은 고운)을 천왕에 즉위시키는데 이 나라를 북연이라고 부르지요. 하지만 모용운은 곧 암살당하고, 풍발은 모용운의 암살과 관련된 혼란을 평정하고 난 후 스스로 천왕에 즉위하였고, 고구려와는 화친하면서 화북의 강자로 등장한 북위와 대립했습니다.

풍발이 죽자 자리다툼이 일어났고 동생 풍홍이 승리하여 천왕에 즉위하지만, 내전으로 인해 북연은 북위의 압박을 받아 나라가 위태로운 상황이 되지요. 압박감에 못 이긴 풍홍은 435년에 남조의 송나라에 조공하여 번으로 자처하면서 신속합니다. 그가 두려워 한 대로 북위가 436년에 침공하여 북연은 망하고, 풍홍은 청을 넣어 둔 장수왕의 고구려로 망명하여 재기를 도모하지만 끝내 장수왕에게 죽임을 당했습니다.

고구려로 들어온 모용선비족

전연과 후연, 북연이 망했을 때마다 모용선비족은 중국대륙 바깥, 특히 한반도와 일본열도로 퍼져 나갔습니다. 이들의 족적을 찾아내 보는 것은 한민족의 역사 문화에 대한 이해를 더욱 깊게 하는 일이 될 것입니다.

북연왕 풍홍은 고구려 장수왕에게 망명할 속셈으로 도성인 화룡성에 남아 있던 백성들을 동쪽의 고구려 땅으로 이주시켰으니 많은 선비족 및 풍씨들이 고구려 사람이 되었습니다. 북위로 간 사람들도 있었겠지만 거의 대부분이 왕을 따라 고구려로 갔습니다. 이것은

금동신발, 금동제, 백제, 나주
출처: 국립중앙박물관,
http://www.museum.go.kr/
site/main/relic/directorysearch/
view?relicId=513#

못신, 금동제, 고구려 5-6세기
출처: 국립중앙박물관, http://www.museum.go.kr/site/main/relic/
directorysearch/view?relicId=1396#

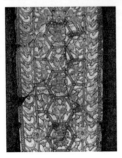

금동신발, 금동제, 신라 5세기, 경주 식리총
출처: 국립중앙박물관, http://www.museum.go.kr/site/main/relic/
search/view?relicId=4453#

472년 백제의 개로왕이 북위에 올린 상표문에도 잘 나와 있습니다.

"그로부터 감히 남쪽을 돌아보지 못하였는데 풍씨(馮氏: 북연北燕의 임금)의 수
가 끝나고 그 잔당마저 달아나서 숨으니, 추류(고구려)가 차츰 번성하여 드디
어 능핍을 보게 되므로 원한이 맺히고 화가 연달아 30여 년을 지나니 재정
과 힘이 말라서 자연 잔약해졌습니다."

하지만, 장수왕은 풍홍을 죽이고 그 일족들을 홀대했기 때문에 장
수왕에게 불만을 품은 사람들이 신라로, 백제로 왔다고 충분히 생각
할 수 있지요. 『동아시아 장신구 문화』를 쓴 이한상 님의 "흉노나 선
비족뿐만 아니라 양진兩晉에서 위진남북조시대에 이르기까지 중국
무덤에서 금동신발이 출토되는 경우는 없다. 금동신발의 하부에 금
속 못을 박은 것은 고구려, 백제, 신라, 왜의 유적에서만 출토되며 그
기원지는 고구려일 가능성이 높다"와 함께 생각해 보면, 선비족이 대
거 고구려로 들어갔고, 다시 남쪽의 신라와 백제로 들어간 것을 짐
작할 수 있습니다.

신라로 들어온 모용선비족

다음 사진들은 신라의 황남대총, 천마총 그리고 금관총에서 출토
한 금제관식입니다. 공통적으로 무엇이 느껴지나요? 이것들을 흔히
조우형 금제관식이라고 하여 새 깃털 모양이라고만 생각하는데, 여
기서 '늑대'를 느낀 분이 『실크로드를 달려온 신라왕족』을 쓴 정형진
님입니다. 늑대는 흉노족의 동물 토템이지만, 5세기 당시는 흉노가
역사상에서 사라져 버린 후라서 흉노인이 스며든 선비족이 이어받았

다고 생각하면 되겠습니다. 그래서 선비족의 토템이 되었습니다. 선비족은 모용부, 탁발부, 우문부, 단부 등의 부족을 통틀어 일컫는 명칭으로, 이 중에서 모용부의 모용씨가 나라를 세워 전연, 후연 그리고 북연으로 이어지다가 북위에 의해 436년에 망하여 역사의 뒤안길로 사라졌습니다.

신라본기 눌지마립간 37년 가을 7월조에 이런 대목이 있습니다.

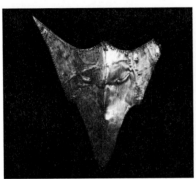

보물 제625호, 황남대총 북분 은제 관식, 신라 5-6세기
출처: 국립중앙박물관, http://www.museum.go.kr/
site/main/relic/treasure/view?relicId=4596#

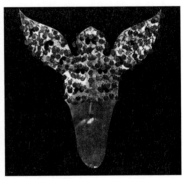

보물 제617호, 천마총 금제 관식, 신라 5-6세기
출처: 국립중앙박물관, http://www.museum.go.kr/
site/main/relic/treasure/view?relicId=4590#

국보 제87호, 금관총 금제 관식, 신라
출처: 국립중앙박물관, http://www.museum.go.kr/site/
main/relic/treasure/view?relicId=633#

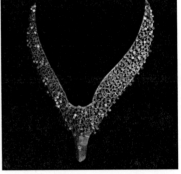

보물 제618호, 천마총 금제 관식, 신라 5-6세기
출처: 국립중앙박물관, http://www.museum.go.kr/
site/main/relic/treasure/view?relicId=4591#

가을 7월에 이리떼가 시림(始林)에 들어왔다.

눌지마립간 37년은 서력 453년입니다. 이리는 늑대를 말하는데, 지금은 이리라는 말을 거의 쓰지 않고 늑대라는 말을 많이 사용하므로 늑대라고 하겠습니다. 실제로 늑대라는 짐승들이 떼를 지어 시림, 즉 신라의 수도인 경주로 들어왔다는 것이 아니라, 늑대를 토템으로 삼고 있는 선비족 한 무리가 들어왔음을 깨달아야 합니다. 이 부분에 주목하게 된 것은 『동이 한국사』를 쓴 이기훈 님 덕분입니다. 그 책을 읽으면서 『실크로드를 달려온 신라왕족』에서 저자 정형진 님이 새가 아닌 늑대가 보인다고 한 것이 생각나서 무릎을 쳤지요.

북연은 한인 풍발이 세운 나라이긴 하지만 잠시 유지되었을 뿐이고 전체적으로 봐서는 전연 후연 북연으로 이어져 왔으므로 이 삼연은 모용선비족의 나라입니다. 눌지마립간 37년 가을 7월조에 나오는 '이리떼'는 고구려 장수왕이 신속시키고 있는 신라를 관리하기 위해 보낸 병사들로 보이는데, 이들은 436년에 북연이 망하고 고구려로 망명해 온, 하지만 장수왕의 허술한 대접에 반감을 갖고 있는 반고구려 성향의 모용선비족 사람들이었습니다.

이들이 고구려에서 왔음을 강력하게 뒷받침해 주는 것은 바로 그 다음 해인 454년 가을 8월에 고구려가 신라를 침공한 사실입니다. 신라는 그 이전부터 고구려에 신속해 있었는데, 그런 신라를 고구려는 왜 느닷없이 쳐들어 왔을까요? 그것은 앞서 들어온 '이리떼'가 눌지마립간을 누르고 세력을 잡아 반장수왕 정권이 되었기 때문입니다. 고구려는 광개토왕이 신라를 도와준 이래로 보호 신속시켜 왔기 때문에 고구려가 신라를 칠 리가 없는데, 쳤다는 것은 바로 신라에 반고구려적인 세력이 세력을 잡았기 때문이 아닐까요? 이때의 신라는 눌지마립간의 신라가 아니라 453년 이후 반고구려 성향의 사람들이 세력을 잡은 신라를 말하는 것입니다.

이 무렵 5세기에서 6세기에 걸쳐 경주에는 제주도 오름만 한 왕릉이 조성됐는데, 이와 같은 무덤 조성 풍토는 100여 년간 지속된 뒤 사라졌습니다. 그리고 거의 공통적으로 금관이 출토되었는데, 전 세계에서 출토된 10여 개의 금관 중에서 경주에서 출토된 것이 절반이 넘습니다. 금관이 나온 왕릉으로 황남대총, 천마총 그리고 금관총 외에 서봉총과 금령총 등이 있는데, 공통적으로 이 왕릉들은 누구의 무덤인지 모른다는 것입니다.

백제에 나타난 모용선비족

454년에 신라를 친 고구려는 455년에는 백제를 칩니다. 이것 역시 백제에 반고구려 성향의 선비족 사람들이 들어갔기 때문입니다. 이때 신라는 백제를 도와 주어 함께 고구려를 물리칩니다. 이것을 433년에 백제의 비유왕과 신라의 눌지마립간 사이에 맺어진 나제동맹의 일환으로 볼 수도 있겠으나 고대에는 왕이 바뀌면 서로의 관계도 바뀌는 법이라서 새로이 신라에 들어온 세력이 장악하던 때라 눌지마립간 시대는 지나갔으므로, 나제동맹과는 조금 다른 성질의 것이었습니다.

또한 이 해에는 백제에서는 한강에 '흑룡'이 나타났다가 날아갔고, 곧 비유왕이 죽기 때문에 이 '흑룡' 세력은 친장수왕 세력인 듯합니다. '흑룡'은 모용선비족 왕을 상징하는 동물입니다. 이 무렵의 백제는 이전의 백제와는 다른 백제인 듯한데, 부여의 동향이 달라졌기 때문입니다. 당시 백제는 부여로부터 계속적으로 인적 자원을 받아 강성해지고 있었는데, 백제와 이런 관계를 유지하던 부여가 455년 - '흑룡'이 한강에 나타나 비유왕을 몰한 바로 그 해 - 에 고구려에게 황금을 바치며 고구려와 긴밀해졌습니다. 또한 457년에는 탁발선비족의 북위에도 사신을 보내며 우호적인 관계를 유지하려 했습니다. 『위서』 본기에 "코탄 및 부여 등 50여 국이 북위에 조공"했다고 나옵니다. 이렇게 부여가 주변국과 외교를 강화한 것은 백제에서 어떤 움직임을 감지하고 위기감을 느껴서가 아닐까요? 이것이야말로 모용선비족에 의해 백제 왕통이 바뀌었음을 말해 주는 증거라고 하겠습니다. 이들은 한반도를 거쳐 일본열도로도 진출했습니다.

일본열도의 특이한 5세기

백제 비유왕 죽음에는 '흑룡'이 있었는데, 흑룡은 모용선비족 왕의 상징입니다. 일본열도로 날아간 흑룡은 안강천황이 되었습니다. 안강천황은 『일본서기』와 중국대륙의 사서에서는 왜5왕 중의 한 명인 '왜왕 흥', 또는 '세자 흥'으로 나오는 인물입니다. 478년 웅략천황이 송나라에 올린 상표문을 통해서도 그가 모용선비족임을 알 수 있는데, 웅략천황이 그를 형이라고 말하고 있기 때문입니다.

신라 눌지마립간의 죽음에는 453년 신라땅에 들어온 '이리떼' 중의 한 '이리'인 자비(마립간)가 있었습니다. '이리'는 모용선비족의 상징입니다. 『일본서기』를 통해서도 자비(마립간)가 선비족이라는 것을 알 수가 있는데, 웅략천황 9년 3월조를 보면 "이리의 야심이 있어 배부르면 가고, 배고프면 붙는다"고 나옵니다. '이리'라고 분명히 나오지요. 우연의 일치라고는 결코 생각할 수 없는, 다중적으로 역사를 기록한 옛 사람들의 기록을 함부로 읽으면 안 되겠구나 하는 걸 다시 느끼게 되는 대목이었습니다.

4. 477년

웅략천황, 아들 말다를 한반도로 보내다

한국의 역사는 세계에서 둘째가라면 서운할 정도로 깁니다. 하지만 한반도에 정주하게 된 것은 그리 오래되지 않았습니다. 고대의 우리의 조상들은 이동에 이동을 거듭해 왔는데 이것은 백성들만 그런 것이 아니고 왕도 그랬습니다. 어쩌면 한 소국의 우두머리 내지 수장이 된 인물은 거의 다 한반도 바깥에서 들어왔다고 보아도 틀리지 않을 것입니다.

5세기 무렵 일본열도에서 한반도로 건너와 백제의 왕이 된 사람이 있습니다. 『일본서기』에서는 이름이 말다로 나오고, 『삼국사기』에는 모대로 나오며 동성왕으로 기록되어 있습니다. 동성왕이 조금 낯설다면 1971년 여름 충남 공주에서 왕릉이 발견되어 큰 관심을 모았던 무령왕의 앞 왕이라고 기억하시면 됩니다. 말다에 대한 가장 처음의 기록은 『일본서기』 웅략천황 23년조에 보이는데, 거기서 그가 백제의 동성왕이 되었다는 것을 잘 알 수가 있습니다.

23년 夏 4월, 백제의 문근왕(삼근왕)이 薨하였다. 천황이 昆支王(5년 4월조에

軍君이라고 한 사람)의 5인의 아들 중, 제2 末多王이 젊고 총명하므로, 칙하여 궁중에 불렀다. 친히 머리를 쓰다듬으며, 타이르심이 은근하여 그 나라(백제) 의 왕으로 하였다. 무기를 주고, 아울러 츠쿠시국筑紫國의 군사 500인을 보 내 나라에 호송하였다. 이를 東城王이라 한다.

응략천황 23년은 479년입니다. 응략천황은 곤지(왕)의 둘째 아들인 말다(왕)을 한반도로 보냈고, 결과적으로는 말다는 백제의 동성왕이 되었습니다. 그렇다고 그가 479년에 왕이 되었다는 말이 아닙니다. 물론 『삼국사기』 연표에서는 479년부터 동성왕 시대가 시작되지만, 백제본기에서 동성왕기는 482년부터 시작하여 481년과 480년, 479년 의 기록이 없어 그가 479년에 왕이 된 것을 알 수가 없습니다. 그래 서 여기서는 시간상으로 삼근왕이 죽자 말다가 한반도로 가서 동성 왕이 되었다는 것을 말한다기보다 삼근왕의 뒤를 이어 왕이 된 사람 이 일본열도에서 건너온 말다라는 것을 말하고 있다고 보면 되겠습 니다. 이러한 태도는 고대사 관련 기록을 대할 때 필요합니다.

말다, 구마나리에 내리다

백제본기에서는 삼근왕이 죽은 479년 이후부터 동성왕기가 시작 되는 482년까지 공백으로 되어 있어 말다가 일본열도에서 한반도로 온 것이 언제인지 알 수가 없습니다. 말다가 곧장 웅진으로 들어가 백제왕이 된 것 같지는 않아서, 이것에 대한 실마리를 『일본서기』 응 략천황 21년 기사에서 찾아보았습니다.

21년 봄 3월, 천황은 백제가 고구려에 의해 파멸하였다고 듣고, 구마나리리久麻 那利(웅천 혹은 공주)를 문주왕에게 주고, 그 나라를 다시 일으켰다. 그때 사 람들이 다 "백제국은 일족이 이미 망하여 창하에 모여 걱정한다" 하였지만 실은 천황의 덕으로 다시 그 나라를 일으켰다"라고 말하였다(문주왕은 개로왕 의 모제다. 일본구기에 구마나리를 末多왕에게 주었다고 한다. 아마 이는 잘못일 것 이다. 구마나리는 '임나국의 下哆呼唎현의 별읍'이다).

『일본서기』 웅략천황 21년은 477년으로, 이 기사를 보면 477년에 문주(왕)가 공주로 천도한 것으로 알게 되어 있어『삼국사기』와 다릅 니다. 필자가 이 기사를 제시한 것은 문주왕이 477년에 천도를 한 것 이 맞는지 475년에 한 것이 맞는지를 따지자는 것이 아니라, 여기에 달려 있는 주에 주목해 주기를 바라서입니다.

이 주를 단 사람은 구마나리는 임나국에 있으므로 구마나리를 말 다왕에게 주었다고 쓴 일본구기가 틀렸다고 자신의 소견을 피력하고 있습니다. 이 기사에는 구마나리가 두 번 나옵니다. 먼저 나오는 것 은 필자가 인용한『완역 일본서기』의 번역자 본인이 웅천 혹은 공주 라고 주를 단 구마나리이고,『일본서기』를 쓴 사람은 주를 달아서 임 나국의 하다호리下哆呼唎현의 별읍이라고 한 구마나리입니다. 그러고 보면 구마나리가 한 곳이 아니라 여러 군데라는 것을 알 수 있으며, 말다가 한반도에 온 것은 477년이 아닌가 싶습니다.

구마나리는 열도한어로는 쿠마나리로도 발음이 되어 '구(쿠)마나 리/굼(쿰)나리/큰나리', 즉 큰 강이라는 뜻이 되고, 또 다르게는 '구(쿠) 마나루/굼(쿰)나루/곰나루', 즉 큰 나루라는 뜻이 되겠습니다. 두 개를 합쳐서 생각해보면 강과 관련이 되는 널리 알려진 교역항구, 큰 포구라는 의미가 되므로 고유명사가 아니라 보통명사임을 알 수가 있습니다. 그래서 이 구마나리라는 말은 도처에 있을 수 있는데, 흔히 알려진 공주시 웅진 외에, 익산시 웅포와 창원시 웅천을 들 수가 있겠습니다. 그래서 어쩌면 문주왕에게 구마나리를 준 것도 맞고, 말다왕에게 준 것도 맞다는 생각이 듭니다. 문주왕에게 준 구마나리는 지금의 공주시 웅진으로, 문주왕은 웅략천황의 도움으로 웅진으로 천도하여 그 덕분에 백제가 다시 명맥을 이어갈 수 있게 되었지요. 말다왕에게 준 구마나리는 창원시 웅천이 되니 일본구기도 맞네요.

말다, 가라국 하지왕이 되다

말다는 이후 어떻게 되었을까 궁금해지는데, 이즈음의 한반도와 관련된 기사가 『남제서南齊書』 동남이전東南夷傳에 나옵니다.

> "가라국加羅國은 삼한종三韓種이다. 건원建元 원년에 국왕 하지荷知가 사신을 보냈다. (중략) 이에 보국장군 본국왕輔國將軍 本國王을 제수하였다."

건원 원년은 479년으로, 가라국의 하지왕은 백제가 고구려의 장수왕에게 당한 475년에서 얼마 지나지 않은 479년에 중국대륙 남제에 사신을 보낸 것입니다. 가라국의 왕인데 왜 작호가 필요했을까요? 아무래도 그 인물은 외부에서 들어온 사람 같습니다. 일본열도에서 건너온 말다가 아닐까요? 일본열도에서 백제의 왕이 되기 위해 한반도로 건너온 말다는 먼저 가라국의 왕이 되었군요. 400년 고구려의 광개토왕의 남정으로 김해에 있던 가락국이 망했으므로, 4세기 후반의

이 가라국은 고령 지역에 있었던 지금 우리가 대가야라고 부르는 나라입니다.

2장

본국 왕 시대
(479년~482년)

1. 479년

웅략천황, 가라국 하지왕을 남제에 조공하게 하다

479년은 중국대륙의 남조에서 송나라가 망하고 제나라가 건국된 해인데, 이 제나라는 통상적으로 '남조의 제나라'라는 의미인 '남제'로 불립니다. 소도성이 남제를 세운 것을 웅략천황은 어찌 알고 제꺼덕 조공을 했는지 참으로 정보통이 아니라 할 수 없습니다. 그래서 『남제서』 왜국전에 사지절도독왜신라임나가라진한모한육국제군사'안동대장군' 왜왕 무의 호를 높여 '진동대장군'으로 하였다고 나옵니다. 웅략천황, 곧 왜왕 무는 그 전 해인 송나라 순제 승명 2년인 478년에 사지절도독왜신라임나가라진한모한육국제군사안동대장군 왜왕을 제수받았는데, 479년에는 새로이 남제가 섰기 때문에 또 상표문을 올렸고, 안동대장군에서 진동대장군으로 급이 올라간 것입니다. 그가 479년 남제에 조공한 기사가 『일본서기』 웅략천황 23년 여름 4월 조에 나옵니다.

> 이 해, 백제의 조공이 어느 해보다 많았다. *筑紫*의 *安致臣*, *馬飼臣*들이 수군을 거느리고 고구려를 쳤다.

『일본서기』에서 백제의 조공이라는 말이 나오니 당연히 백제가 왜에 조공을 했다고 생각하겠지요. 하지만 아무리 생각해도 그 백제가 삼근왕의 백제라고는 생각하기 어렵습니다. 그 이유는 삼근왕을 옹립한 해구와 연신이 반란을 일으켰고, 결과적으로 삼근왕이 피살된 해가 479년이기 때문입니다. 백제본기에 의하면 당시 백제의 왕은 삼근왕으로 479년 11월에 살해되니 이때는 아직 살아 있었으니 삼근왕이 웅략천황에게 조공을 바친 것일까요? 백제는 늘 왜에게 문물을 전해 준 강한 나라라는 선입견 아래서 백제가 왜에 조공을 했다니 믿을 수가 없다면서 이 기사가 잘못 되었다고 말해야 할까요?

시간적으로 보면 백제가 조공을 한 것이 4월이라 먼저이고, 그다음 11월에 해구와 연신의 반란, 반란 진압, 삼근왕 살해가 차례로 일어났습니다. 이런 와중에 중국대륙의 송나라가 됐든 왜가 됐든 어린 나이에 왕이 된 삼근왕이 조공을 바쳤다는 것은 무리인 듯합니다. 단도직입적으로 말하면, 웅략천황 23년조에 나오는 백제는 삼근왕의 백제와는 또 다른 백제, 고령에서 익산으로 천도해 온 말다의 백제입니다.

위 기사는 누가 보더라도 바로 알 수 있게 남제에 조공했다고 말하고 있지는 않습니다. 이 기사는 웅략천황이 정병 500인을 붙여 말다를 백제로 보내 동성왕이 되게 하였다는 기사에 연이어 나오므로, 『남제서』에서 웅략천황 곧 왜왕 무가 조공한 같은 479년에 가라국의 하지왕이 남제에 조공했다는 기사를 눈여겨 보고 그 두 기사를 연관시켜서 보아야 합니다.

여기서 필자는 『남제서南齊書』 동남이전東南夷傳에 "가라국加羅國은 삼한종三韓種이다. 건원建元 원년에 국왕 하지荷知가 사신을 보냈다. (중략) 이에 보국장군 본국왕輔國將軍 本國王을 제수하였다"고 나오는 기사의 국왕 하지가 바로 말다라고 가설을 세우겠습니다. 이와 동시에 웅략천황 23년 여름 4월조에 나오는 백제란 삼근왕의 웅진백제와 다른, 웅략천황이 인정하는 또 하나의 백제인 말다의 익산백제, 곧 본국이라고 가설을 세우겠습니다.

송나라 순제가 소도성에게 선위하여 제나라가 건국된 해인 479년에, 웅략천황과 가라국의 하지왕으로 변신한 말다가 달까지 같은 4월에 사신을 보낸 것인데, 필자는 이것을 우연으로 보지 않습니다. 제나라가 들어서자마자 사신을 보낸 것을 보니 남제를 세운 소도성을 축하하는 사절이라고 생각되어 아버지 웅략천황이 아들 말다, 곧 가라국의 하지왕을 중국 남조에 말하자면 데뷔를 시킨 것이지요. 그래서 '백제의 조공이 어느 해보다 많았다'는 것은 백제가 왜에 많은 조공물을 바쳤다는 것이 아니라, 남제에 조공하러 가면서 준비해 간 조공물품이 많았다는 것입니다.

고대사에서의 조공은 중국대륙의 황제와 그 바깥의 왕과의 사적인 관계, 한반도 내에서는 대왕과 왕 사이의 군신관계, 또는 그냥 왕과 왕 사이의 사적인 관계를 말하는 것입니다. 어떤 나라가 조공을 한다고 해서 약한 나라도 아니고, 조공을 받는다고 해서 강한 나라도 아니며, 강한 나라라고 해도 늘 강하지 않습니다. 왕에 따라서 강해졌다가 약해졌다가 했으므로 고대사 연구에서 선입견을 갖는 것은 금물입니다.

사실『일본서기』에는 고구려와 관계되는 기사가 거의 나오지 않고,

고구려 관련 기사가 나오면 그것은 백제와 관련이 됩니다. 송나라 순제 승명 2년인 478년에 웅략천황 곧 왜왕 무가 송나라에 올린 표문에 나오듯이 당시 고구려는 중국대륙으로 가는 연안항로를 막아 방해를 하고 있었기 때문에 츠쿠시[筑紫]의 수군으로 하여금 고구려를 치라고 했던 것입니다. 그렇지 않다면 당시 동아시아에서 고구려의 장수왕을 견제하고 때로는 고구려를 칠 수 있는 인물이 웅략천황 이외에는 없다고 해도, 그리고 큐슈의 북부지역인 츠쿠시[筑紫]가 당시 웅략천황의 세력권 안에 있었다고 쳐도 479년에 국내 사정으로 인해 죽음을 맞이하게 되는 웅략천황으로서는 고구려를 상대로 싸움을 할 이유가 없는 것입니다.

죽막동 유적

고구려가 연안항로를 막아 방해를 하고 있는 가운데 중국 남조로 가는 항해는 결코 쉽지 않아 여러 번의 조공 경험이 있는 웅략천황은 처음인 하지왕 말다와 함께 제사를 올렸을 것입니다. 그 흔적이 죽막동 유적으로 남아 있는데, 전라북도 부안군 변산면 격포리 죽막동에 있는 한반도 최대의 제사 유적지로, 지도를 보면 변산반도에서도 제일 끄트머리에 있습니다. 이곳은 천 년 가까운 시간 동안 항해의 안전을 기원하는 제사 장소로 사용되어 출토되는 유물도 시대별로 다양합니다. 4세기에서 7세기 전반에 걸친 백제 토기가 대부분이고 중국 동진 시대의 청자 항아리 조각, 대가야와 왜의 제사용품인 무기류·마구류·석제 모제품 등도 출토되었습니다. 특히 5세기 후반에서 6세기 전반에 걸친 제사유적에서 5세기 4/4분기의 왜계 유물이 나왔다는 점에서 479년 웅략천황의 사신들이 이곳에 머물렀다고 짐작할 수 있습니다. 또한 대가야의 제사용품이 나왔다는 점으로 미루어 보아 가라국 하지왕의 사신들이 머물렀다는 짐작도 가능합니다.

말다, 익산에 본국을 세우다

아버지 웅략천황으로부터 백제왕이 되라는 명을 받고 한반도로 건너온 말다는 먼저 가라국의 하지왕으로 변신하는 데 성공했습니다. 그는 곧 고령땅에서 익산으로 천도해 왔는데, 479년에 그가 웅략천황의 조공단과 함께 가라국의 하지왕으로서 남제에 조공을 하여 제수받은 작위는 백제왕이 아니라 본국本國왕이었습니다. 중국대륙으로부터 제수받은 인물이 하지왕 이전에도 몇 명 있었는데, 그들이 제수받은 작호에는 왜왕 또는 백제왕이라는 말이 들어 있었습니다. 왜라는 나라가 있어서 왜왕이라고 했고, 백제라는 나라가 있어서 백제왕이라고 했을 것이니 본本국왕이라고 했으니 본本국이 있어야 할텐데 본국은 여기에 언급된 것 외에 우리 역사에서는 더 이상 나오지 않습니다.

고대에는 본국을 어떻게 불렀을까 많이 궁금하던 차에,『단군의 나라 카자흐스탄』에서 관련된 내용을 발견했습니다. 285년 건국된 토욕혼이라는 나라 이름은 그 나라를 세운 모용토욕혼의 이름에서 딴 것이고, 그의 성씨인 모용을 한자로는 慕容으로 적는데 몽골어식으로는 本이라 적고 '바얀'이라고 소리낸다는 것이었습니다. 이 나라는 중국 기록에서는 안식국, 하남국 또는 아시국으로도 불렀는데, 아시국이라는 이름은 이 나라가 늑대를 민족의 토템으로 삼았기 때문에 늑대를 뜻하는 '아쉬나'에서 유래한 것이라고 합니다.

모용토욕혼은 전연을 세운 모용황의 아버지 모용외의 형입니다. 서로 의견 차이가 있어서 각각 다른 나라를 세운 것인데 이들은 선비족입니다. 선비족은 그 자체로 한 북방유목민족으로 여기기도 하고, 흉노에 포함된 한 민족으로 여기기도 하며, 흉노가 북흉노와 남흉노로 나뉘어졌을 때 한나라와 손잡고 남흉노를 친 민족이라고도 합니다. 이들은 흉노족과 함께 5호 16국 시대 때 또 나타나 나라를 세웠습니다.

　　본국을 '바얀'국으로 발음하든 지금의 한자읽기에 맞춰 '본'국으로 발음하든 상관없습니다. 가라국 하지왕 말다는 선비족 모용씨로서 익산 지역에 본국, 즉 모용국을 세운 것입니다. 『남제서』에는 그의 나라가 가라국으로 나오지만 고령 지역에 있었던 나라는 반로국 또는 반파국입니다. 말다가 재위한 5세기에는 반파국보다는 반로국이 아니었을까 싶은데, 지금 우리도 '역전 앞'이라고 말하듯이 '반'이라는 이름에 '나라'라는 의미의 '나/라/로'를 붙였고, 거기다 또 나라를 의미하는 한자 '국國'을 붙인 것이 반로국이라고 생각되기 때문입니다. '반로국'에서의 '반'이 '본국'에서의 '본'과 발음상 비슷하지 않나요? 그리고, 반로국에서 '반로'를 발음해 보면 '발로'로 소리가 나는데, '발라'도 가능하다고 보면 전라남도 나주 지역에 있었던 '보라' 또는 '발라'라고 불린 소국이 생각납니다. 지금은 '반남'이라고 불리며 그 지역의 반남 고분군이 알려져 있는데, 고대에는 받침이 발달하지 않은 점을 감안하면 '보라/발라/반남'은 '보라/바라/바나'가 되니 '반로'와 관계가 있을 것으로 봅니다.

『관세음응험기』의 무광왕은 말다

『관세음응험기』에 "백제무광왕 천도지모밀지 신영정사百濟武廣王 遷都枳慕蜜地 新營精舍"라는 글귀는 "백제의 무광왕이 지모밀지로 천도하여 새 절을 지었다"고 풀이됩니다. 여기서 문제는 백제의 무광왕이 누구이며, 지모밀지는 어딘가 하는 것입니다.

479년에 삼근왕이 죽은 이후 말다가 백제의 왕이었겠지만, 그는 중국대륙으로부터 인정받지 못했을 뿐 아니라 웅진에도 입성하지 못하고 있었습니다. 그는 479년에 남제에 조공하여 보국장군 본국왕을 제수받은 가라국의 하지왕과 동일인물로 고령에서 익산으로 천도해와 있었습니다. 고대사회에 있어서 문화의 중심지 혹은 수도 경영의 조건으로 궁성, 성곽, 왕릉, 사찰 등을 들 수가 있습니다. 그러니까 이 4개의 조건을 모두 갖추고 있으면 수도라는 것인데, 익산은 이 네 가지가 다 있으므로 충분히 도읍지로 생각할 수 있습니다. 무엇보다 익산은 고대에는 '지모밀지'라고 했습니다.

2. 말다, 자비마립간에 반역하는 박비처를 지원하다

　신라 자비마립간이 어떻게 무너졌는지를 말해 주는 자비마립간기 말년 기사입니다.

　21년 봄 2월에 밤에 붉은빛이 비단같이 되어 땅에서 하늘까지 닿았다. 겨울 10월에는 서울에 지진이 있었다. 22년 봄 2월 3일에 왕이 돌아갔다.

　"밤에 붉은빛이 비단같이 되어 땅에서 하늘까지 닿았다"는 대목에서 '붉은빛'이라든지 '땅에서 하늘까지'라는 표현에 주목해 주세요. 이 표현이 우두머리가 될 어떤 인물의 출현을 암시함과 동시에 해당 인물을 시조인 듯이 묘사하고 있기 때문에 해당 인물은 앞 왕인 자비마립간과는 계통이 다름을 알 수가 있습니다. "지진이 있었다"는 대목에서는 쿠데타가 있었음을 내비치는데, 참위설적 표현의 해석에서는 지진이란 땅이 움직이는 것이므로 신하가 모반을 일으켰다는 것을 의미하기 때문입니다. 그다음 해인 22년, 즉 479년에 "왕이 돌아갔다"고 나오니 21년 기사에서 출현이 암시되고 시조인 듯이 묘사되어 쿠데타를 일으킨 인물은 자비마립간의 다음 왕이 되는 소지마립간이 되겠습니다.

　중요한 것은 이 쿠데타를 소지마립간 혼자 일으킨 것이 아니라 그 뒤에 말다라는 배후세력이 있었다는 사실입니다. 이 일이 있기 몇 년 전 자비마립간기를 보면 475년에 해당하는 자비마립간 18년조에서 자비마립간은 명활성으로 이거를 합니다. 그것은 백제의 개로왕을 친 고구려 장수왕의 다음 공격목표는 자신이라고 여겼기 때문으로 생각됩니다. 그런데 이듬해부터 2년 연속으로 왜인이 쳐들어와서 애를 먹습니다. 476년과 477년은 웅략천황의 시대여서 이 왜인들은 웅략천황의 군세라고 생각할 수도 있겠지만 그렇지 않습니다. 464년 이후 줄곧 신라와 왜의 사이가 좋았고, 웅략천황(곤지)는 일단 망한 백제를 웅진으로 천도하게 하여 백제의 재건에 여념이 없었으며, 특히 477년은 '흑룡'이 나타나 백제의 문주왕이 죽고, 내신좌평인 곤지도 죽었다는 해이기 때문에 476년과 477년에 신라의 동쪽 변경으로 쳐들어 온 왜인은 웅략천황의 군세가 아니라, 장수왕과 손잡고 있는 길비 지역 세력으로 추정됩니다. 다행히도 자비마립간은 그 왜인을 물리쳤는데, 그다음 조에서 누군가가 쿠데타를 일으킨 듯한 암시를 주면서 자비마립간이 죽었다고 나오므로, 그 장본인은 다음 왕이 되는 소지마립간, 즉 박비처라고 보는 것입니다. 말다는 이런 어수선한 시기를 잘 활용하여 박비처를 밀어 주었습니다.

　그랬기 때문에 말다는 그냥 있지는 않았습니다. 『화랑세기』 3대 모랑전에 따르면, 법흥대왕은 국공 섭정주 때 선주하던 백제로 갔다고 나오는데, 국공이라는 단어 자체도 의미심장합니다. 국공이란 태자격인 인물을 가리키기 때문입니다. 이것을 보면 말다는 먼저 소지마립간이 자비마립간의 뒤를 잇는 대표자리에 자리잡도록 도와주고, 자신은 다음 왕 자리를 확보해 둔 것입니다. 백제의 왕이 되기 위해 한반도로 온 그는 소지마립간의 다음 왕 자리를 확보해 두었으니 "국공 섭정주 때 '선주'하던 땅인 백제로 갔다"는 말에서는 필자가 확신하는 대로 말다는 동성왕임을 눈치챌 수가 있는 것입니다. 법흥왕이 국공이었던 때는 소지마립간 때이며 백제는 동성왕 때였습니다.

477년에 일본열도에서 한반도로 온 말다는 가라국, 곧 고령의 대가야 하지왕으로 있으면서, 자비마립간 말기에 일어난 어수선한 전쟁통을 잘 활용하여, 자비마립간 20년인 478년에 박씨 성에 비처라는 이름을 가진, 후에 소지마립간이 되는 한 인물이 정변을 일으킬 때 그를 지원하였습니다. 자비마립간 말기에 일어난 어수선한 전쟁통을 잘 활용하였던 것이지요. 그리하여 자비마립간 - 고구려의 장수왕과 왜의 웅략천황 사이에서 어디 붙을까 갈팡질팡 하다가 어쩔 수 없이 464년 이후부터는 말다의 아버지 웅략천황의 속국의 처지에 있을 수밖에 없었던 - 을 무너뜨렸습니다.

흉노족 출신 박비처, 신라 소지마립간이 되다

동성왕이 『일본서기』에는 말다왕으로 나왔듯이 소지마립간이 '비처왕毗處王'으로도 나오는 것을 보면 이름이 '비처'임을 알 수가 있습니다. 이 '비처'는 이두식으로 적은 글자로, 빛을 비춘다는 말과 관련이 있는 '비춰'를 의미합니다. 흔히 '빛을 비추다'와 같은 이름은 우두머리 이름에 많이 사용되며, 왕호인 '소지炤知'는 '비춰'에 걸맞는 의미를 가진 한자 '炤'에다 하지왕의 '지'처럼 가라국, 혹은 북방유목민족 출신 왕들에게 붙이는 '知'를 붙여 만든 것입니다.

이름은 알았으니 이제 그의 성씨가 궁금해지는데, 필자는 박씨라고 봅니다. 신라의 법흥왕은 필자가 말다, 즉 동성왕과 동일인으로 추정하고 있는 인물인데, 동성왕은 493년에 신라의 여성을 왕비로 맞이했습니다. 그 여성은 이벌찬 비지의 딸이라고 나오는데, 이벌찬 비지가 바로 소지마립간을 말합니다. 신라는 그때도 6부 체제로 움직이고 있었기 때문에 어느 왕이라고 나오지 않고 최고관직인 이벌찬의 딸이라고 나오는 것입니다. 관직의 제일 우두머리를 표현하는 이벌찬을 풀이해 보자면 이伊는 '위', '우'를 나타내고, 벌伐은 '부리', '부르'의 축약형이며, 찬은 '한干' '간干' 등으로도 적혀 나오는데 지도자를 나타내는 말입니다.

한 편, 법흥왕의 비는 보도부인으로 『삼국사기』에서는 박씨라고 나오고, 『화랑세기』에서는 소지마립간의 딸이라고 나오므로 소지마립간의 성씨는 박씨인 것이지요. 흉노족의 대선우의 성씨가 연제씨인데, 지증마립간의 비는 연제부인으로 성이 박씨였으니 신라의 박씨는 애시당초 흉노족이었음을 알 수 있습니다.

소지마립간이 흉노족이라는 것은 자비마립간 21년 봄 2월조에서도 알 수가 있는데, "밤에 붉은빛이 비단같이 되어 땅에서 하늘까지 닿았다"는 대목은 가락국기의 김수로왕 신화에 나오는 "자색끈이 하늘에서 드리워져 땅에 닿아 있었다"는 것과 비슷하므로 소지마립간은 가락국과도 관련이 있음을 알 수 있습니다. 김수로왕 신화에는 여러 인물이 투영되어 있는데, 그중 한 명이 숭신천황이었으며 그는 흉노족이었습니다.

고구려의 그늘에서 벗어나 말다에게 신속하는 소지마립간

내물왕 이후로 근 육칠십 년에 걸쳐 고구려에 신속해 오던 신라가 자비마립간 때에는 십수년 간 왜의 웅략천황과 백제 개로왕의 연합 세력의 영향을 받고 있었습니다. 정확한 기간은 알 수 없으나, 464년 소위 '수탉 사건' 이후인 468년부터 개로왕이 죽는 475년까지거나, 웅략천황이 죽는 479년까지로 봅니다. 당시 동아시아를 호령하던 두 인물을 꼽자면 왜의 웅략천황과 고구려 장수왕을 들 수가 있는데, 웅략천황이 죽은 479년 이후에도 고구려의 왕은 여전히 장수왕이었습니다. 소지마립간은 479년에 왕위에 오르는데, 소지마립간기에는 고구려와 왜가 쳐들어 왔다는 기록으로 꽉 차 있습니다. 소지마립간이 재위하던 22년간 간혹 왜가 쳐들어 온 적도 있었지만 즉위해서부터 몰할 때까지 고구려의 침공은 거의 매년 받았습니다.

이것은 소지마립간의 신라가 장수왕의 고구려에 대해 고분고분하지 않았다는 말인데, 그가 뻣뻣하게 나올 수 있었던 데는 비빌 언덕이 있었기 때문입니다. 그 비빌 언덕은 누구였을까요? 소지마립간은 백제와 가야의 도움으로 고구려의 침공을 물리쳐 나갑니다. 소지마립간 대에 백제에는 동성왕이 있었고 가라국, 즉 대가야에는 하지왕이 있었습니다. 하지왕은 동성왕과 동일인물로 일본열도에서 건너온 말다였으므로 소지마립간에게 있어서 비빌 언덕은 바로 말다였습니다. 말다의 도움으로 소지마립간은 쉽게 신라의 왕이 되었고, 그에게 신속하면서 그의 지원으로 재위 기간 동안 줄기찬 고구려의 침공에 대처해 나갈 수가 있었던 것이지요.

금관총의 이사지왕은 소지마립간?

신라의 왕 가운데서 아직까지 왕릉이 확실하게 밝혀지지 않은 왕이 몇 있는데, 그들의 무덤은 웬만한 동산만 하지요. 금관총, 천마총, 황남대총 등이 그것인데, 그중에서 금관총에서 나온 칼과 칼집에 새겨진 '이사지왕'이란 글자의 '이사지'가 소지마립간이 아닐까 조심스레 추정해 봅니다. 앞에서도 설명이 되었듯이 '이[伊]'는 관직의 제일 우두머리를 표현한 말로, '위', '우'를 나타냅니다. 지금 일본어에서 말을 미화하거나 말의 격을 나타내는 '오[ぉ]'에 해당하는 말이죠. 예를 들면, お元氣ですか, お歸りなさい, お茶 등의 일본어에 사용되고 있습니다. 그래서 '이'를 뺀 '서지왕'은 소지왕이라고 생각합니다. '서지'와 '소지'는 소리도 닮았네요.

말다는 흉노족

후에 백제 동성왕이 되는 말다가 박비처를 지원하여 신라의 소지마립간으로 앉힌 것과, 백제와 신라가 마치 한 나라인 양 소지마립간이 동성왕에게 신속하면서 충성을 보인 것과, 동성왕이 잦은 고구려의 신라 침입에 대항해서 소지마립간의 신라를 지켜준 것에는 두 사람이 흉노족이라는 혈연적 친밀성이 작용했을 것으로 생각됩니다. 박비처, 즉 소지마립간이 흉노족인 것은 앞에서 살펴보았으므로 여기서는 말다 즉 동성왕에 대해서 살펴보겠습니다.

『일본서기』 웅략천황 9년 7월조에는 고시古市 사람 서수가룡書首加龍의 아내이자, 아스카베[飛鳥戶군郡 사람 전변사백손田邊史伯孫의 딸인 한 여인이 아이를 낳았다는 이야기가 나옵니다. 고대설화에서 아이의 출생은 새 왕조의 출현을 의미하고, 또한 부여씨 왕통이 아닌 가야계에서 백제 왕이 나온다는 것을 예언하고 있는 설화로 가야계인 말다가 백제의 왕이 된다는 것입니다.

전변사田邊史라는 성씨를 『신찬성씨록』에서 찾아 보면,

田邊史; 豊城入彦命四世孫 大荒田別命之後也 (우경황별)
田邊史; 出自漢王之後知摠也 (우경제번)

고대에는 성 하나가 하나의 나라였으므로 풍성豊城은 큐슈섬 후쿠오카에 있었던 풍국豊國을 달리 표현한 말로 츠쿠시[筑紫]를 가리킵니다. 풍성입언명豊城入彦命에서 '명命'은 일본의 고대 역사에서 훌륭한 인물에 붙는 말입니다. 그래서 '풍성입언명'은 풍국의 왕인데, 『신찬성씨록』의 다른 곳에서는 숭신천황의 황자로도 나옵니다.

대황전별명大荒田別命에서의 '별명別命' 또한 일본의 고대 역사에서 훌륭한 인물에 붙는 말이며, 대황전별명은 황전별荒田別로도 나오며 풍성입언명 4세손입니다. 그는 신공황후 시대 367년에는 탁순국으로 가서 신라를 쳤던 인물이며, 404년에는 왕인을 일본열도로 모셔 온 인물입니다.

한왕漢王이란 한漢나라의 창건자인 유연을 가리키는데, 한나라는 중국대륙의 5호 16국 시대에 흉노족이 세운 나라입니다.

지총知摠의 '지知'는 북방기마민족들의 말로 수장 내지는 왕을 의미하는 말입니다. 지총에서 '지'를 떼어 내고 남는 '총'은 유총이라는 사람을 가리킵니다. 유총은 한漢을 세운 유연의 넷째아들로 한나라의 3대 황제였습니다.

전변사라는 성씨를 가진 사람들은 숭신천황의 황자인 풍성입언명의 4세손인 대황전별명의 후손이며, 또한 한나라 3대 황제인 유총의 후손이라는 것입니다. 이렇게 되면 동성왕 또한 흉노족이 되고, 숭신천황의 후손이 되겠지만, 고대사에서는 황자가 반드시 그 사람의 아들이라고 말할 수 없기 때문에 동성왕이 숭신천황의 후손인지는 좀 더 두고 보아야 하겠습니다.

앞에서 아버지 웅략천황은 북연과의 관련성이 감지되어 모용선비족이 아닐까 싶었는데, 아들은 흉노족이 되니 헷갈립니다. 동성왕은 후에 신라 법흥왕으로 변신하는데, 경북 봉암사 지증대사 적조탑비에 법흥왕이 편두를 했다고 나오는 것을 보면 동성왕은 흉노족이 맞긴 맞네요. 하지만, 이쯤 되면 흉노족은 역사상에서 사라졌을 시기고, 선비족이 활약하던 시대라 흉노족이 선비족으로 스며들었다고 보아도 무방합니다. 따라서 흉노족이든 선비족이든 크게 문제는 되지 않는다고 봅니다.

백제본기에서 동성왕 22년 기사에 이어 "見過不更 聞諫愈甚 謂之狼 其牟大王之謂呼(견과불경 문간유심 위지낭 기모대왕지위호)"라는 문장이 이어지는데 "허물을 보고도 고치지 않고 간언을 듣고도 더욱 심한 것을 일러 사납다 하는 것이다. 그것을 모대왕을 두고 이르는 말인가"로 풀이가 되겠습니다. 김부식 또한 그가 흉노족임을 아는 듯한 의미심장한 은유를 해 놓고는 이것이 모대왕을 가리키는 말인가 하면서 능청을 떨고 있는데, 낭狼이라는 글자가 눈에 잡혔습니다. '낭'은 이리, 곧 늑대로 흉노족 내지 선비족과 관련이 있는 동물이기 때문입니다.

3. 본국왕 말다,
웅진백제 삼근왕을 치다

기회는 생각보다 일찍 찾아왔습니다. 문주왕을 쳐내고 그의 어린 아들 삼근(왕)을 옹립한 해구가 479년 11월에 반란을 일으킨 것입니다. 반란에 실패한 해구와 연신이 고구려로 도망가려고 한 것을 보면 해구는 고구려 장수왕의 사주를 받고 있었음을 짐작할 수 있는데, 개로왕을 무너뜨린 후에도 장수왕은 여전히 백제에 끈질긴 야욕의 손길을 뻗치고 있었네요. 해구가 문주왕을 죽이고 자신이 옹립한 삼근왕에 대해서도 반란을 일으킨 것을 보면 자신이 왕이 되려고 했음을 짐작할 수 있습니다. 반란이 성공했다면 친고구려 백제 정권이 들어섰겠지만 실패하고 말았네요.

삼근왕이 좌평 진남眞男에게 해구의 반란을 진압하라고 하자, 진남은 군사 2천 명으로 토벌하고자 하였으나 진남은 패하였습니다. 삼근왕은 다시 덕솔 진로眞老에게 명하자 진로는 정예 군사 5백 명을 거느리고 해구를 죽이는 데 성공했습니다. 군사 2천 명을 동원한 좌평이 못한 일을 정예군사이긴 해도 5백 명으로 덕솔이 해냈습니다. 덕솔 진로가 해구를 처리할 수 있었던 데는 아무래도 이때 익산

에 있던 본국왕 말다가 진로에게 힘을 실어 주지 않았을까 싶은데
둘은 연합하여 반란을 평정하고 삼근왕을 쳤습니다.

4. 480년 본국왕 말다, 남제에 조공했으나 백제왕은 제수받지 못하다

　삼근왕이 죽은 후에도 말다는 여전히 익산에 머물면서 480년에 중국대륙의 남제에 백제 왕으로 인정을 받기 위해 또 조공을 했습니다. 백제본기 동성왕기는 482년부터 시작되므로 당연히 이 기록은 『삼국사기』에는 없고 중국대륙의 기록에 나옵니다. 백제본기 동성왕기 마지막에 붙은, 『책부원구』에 실렸다고 하면서 소개된 기사를 보면, "남제 건원 2년에 백제왕 모도가 사신을 보내어 조공을 드리므로 사지절도독백제제군사진동대장군을 제수하는 조서를 내렸다"고 합니다. 문주왕의 이름이 모도여서 문주왕이라고 생각이 들 수도 있겠지만 남제의 건원 2년이면 480년이어서 문주왕은 아닙니다. 그는 477년에 죽었습니다. 그래서 여기서의 모도는 동성왕이며, 건원 2년인 480년에 백제왕으로서 조공을 한 것입니다.

　한 해 전인 479년에는 아버지인 왜왕 무, 곧 웅략천황과 함께 소도성이 남제를 건국한 해에 남제에 조공해서 보국장군 본국왕을 제수받은 말다인데, 아버지 웅략천황이 479년에 죽었으므로 480년에는 단독으로 사신을 보낸 것입니다. 고구려가 서해안 항로를 장악하고 있는 가운데 성공했으니 운이 좋았다고 해야 할지, 수군력이 강했다고 해야 할지 모르겠습니다. 왜 이런 위험을 감수해 가면서도 남제에 조공을 했을까요? 그것은 남제로부터 본국왕으로는 인정을 받았지만, 백제왕으로는 인정을 받지 못했기 때문입니다. 하지만 480년 당시 남제는 '백제왕인 모도가 조공을 바쳤다'고 하면서도 그에게 사지절도독백제제군사진동대장군이라는 군사군인 호는 제수했지만 '백제 왕'을 제수하지는 않았습니다.

5. 481년 말다, 신라를 도와
고구려를 물리치다

말다는 『삼국사기』 연표에서는 479년에 왕위에 오른 것으로 되어 있지만 481년의 행적은 알 수가 없습니다. 백제본기에서는 482년부터 기사가 시작되기 때문입니다. 그에게 신속하고 있는 신라의 소지마립간의 동태를 살펴보면 알 수 있지 않을까 싶어서 신라본기 소지마립간기를 보니, 아니나 다를까 소지마립간 3년 3월조에 백제와 가야가 같이 나오네요.

3년 봄 2월에 비열성比列城에 거둥하여 군사를 위로하고 군복을 주었다. 3월에 고구려가 말갈과 함께 북변으로 들어와 호명狐鳴 등 7개의 성을 빼앗고, 또 미질부彌秩夫에 진군하므로, 우리 군사는 백제, 가야의 구원병과 더불어 길을 나누어 막으니. 적이 패하여 물러갔는데, 추격하여 니하尼河의 서쪽에서 처부수고 1,000여 명의 목을 베었다.

여기에 나오는 백제와 가야의 구원병이 바로 말다의 군사입니다. 당시 그는 가라국의 하지왕으로 남제에 송사하여 백제왕으로는 인정받지 못한 채 보국장군 본국왕은 제수받고 웅진성의 웅진백제와는 별개의 백제의 왕으로 익산에 있었습니다. 소지마립간은 그가 세운 신라왕으로 소지마립간은 그에게 신속하고 있었기 때문에 그가 도와주는 것은 당연한 일이었습니다.

3장

백제 동성왕 시대
(482년~501년)

1. 482년

말다, 마침내 백제의 왕이 되다

말다는 삼근왕을 친 후에도 익산에 머물러 있으면서 480년에는 백제왕으로 인정을 받기 위해 남제에 조공했지만 백제왕은 제수받지 못했습니다. 그런 대로 시간이 흘러 482년에야 말다는 웅진에 입성하는데, 그래서 『삼국사기』 연표와 달리 백제본기에서는 482년부터 동성왕기가 시작되는 것입니다. 비록 처음에는 아버지의 도움이 컸지만 신체도 컸고 활도 잘 쏘았다는 기록이 있는 것을 보면 본인의 자질이 왕이 되기에 충분했다고 생각됩니다. 그랬기 때문에 웅략천황 또한 둘째아들인 그를 한반도로 보낸 것일 테고요.

이때 아무래도 진씨들의 도움이 컸으리라 생각됩니다. 진씨는 근초고왕 때부터 왕비 배출 가문이었는데 중간에 해씨에게 권력을 뺏겼다가 동성왕 때 다시 정권을 잡은 가문입니다. 동성왕 때는 진씨 성을 가진 귀족들이 많이 등장합니다. 한성에서 천도해 간 공주에서 문주왕이 3년 봄 2월에 궁실을 중수하였다 하고, 일제강점기 때 도굴왕으로 유명한 카루베 지온[輕部慈恩]이 도굴한 무덤만도 738개가 넘는다고 하는 것을 보면 공주 지역이 이전에 진씨들이 살던 곳이 아니었을까 하는 생각이 듭니다. 실은 동성왕도 진씨입니다. <2. 웅략천황은 곤지왕, 곤지는 웅략천황과 동일인물>에서 밝혔듯이 웅략천황(곤지)의 아버지인 비유왕이 진씨이므로 비유왕의 손자인 동성왕도 진씨인 것이지요. 그의 아버지 곤지가 문주왕 3년 때 일본열도에서 백제로 와서 내신좌평으로 문주왕을 보필하고 있었던 이유를 알 것 같습니다. 문주왕 3년이라면 477년인데 이때 그는 왜의 웅략천황으로 있으면서 치천하治天下하던 대왕이었습니다. 그런 그가 왜 한반도 백제땅으로 와서 문주왕의 신하 노릇을 했을까 궁금했는데 아들을 백제왕으로 세울 것을 염두에 두고 진씨 세력을 규합해서 기반을 다진 것이 아니었을까요?

모대牟大

이제부터는 동성왕을 백제본기에 나오는 대로 모대라고 부르면서 그의 자취를 연도별로 더듬어서 정리해 보겠습니다. 『조선 상고사』에서 저자 신채호 님은 동성왕의 이름이 마모대摩牟大라고 하면서 "이전 사서에서 마모摩牟라고 쓴 것은 뒤의 한 자를 생략한 것이고, 모대牟大라 쓴 것은 앞의 한 자를 생략한 것"이라고 했는데, 아주 잘 본 것이지요. 일본어로 '진眞'을 '마'로 읽습니다. 그의 성씨는 진씨로서, 이 진은 '조미祖彌'라는 글자로도 나옵니다. 眞의 뜻이 '참'이므로 뜻으로 읽어 '참/차미/초미/조미'가 되니까요.

진眞은 진秦과 같습니다. 한반도 울진지역에서 파타라는 성씨의 사람들이 일본열도로 건너가서는 발음도 '하타'로 바뀐 진秦을 쓰게 되는데, 『신찬성씨록』에서도 '진秦'을 파타波陀라고 읽는다고 해 두었습니다.

『일본서기』 웅략천황 15년조와 16년조에 웅략천황이 진씨를 거둔 사실이 나옵니다.

고구려 장수왕, 한산성을 함락시키다

백제본기에서 동성왕기는 482년부터 시작되는데, "이 해 9월에 백제에 말갈이 쳐들어 와 한산성을 함락시켰다"고 나옵니다. 또한 482년에 해당하는 소지마립간기를 보면 "왜인에게 침공당하였다"고 나옵니다. 웅략천황계인 왜의 청녕천황과 백제의 동성왕, 그리고 신라의 소지마립간 연합을 물리치고 일본열도의 억계와 홍계 두 형제를 왜왕으로 만들기 위해 고구려의 장수왕이 꾸민 수작으로 일본열도에 있는 왜인들을 이용하여 선수공격을 한 것입니다.

억계와 홍계 두 형제는 이중천황계였으니까요. 억계와 홍계 두 형제의 아버지는 이중천황의 황자인 시변압반市邊押磐황자였는데 안강천황의 세력에 살해되었습니다. 그때 그의 두 아들인 억계와 홍계 두 형제는 도망가 노비가 되어 숨어 살다가 고구려 장수왕의 원군에 의해 대왜大倭로 들어갈 수 있었습니다. 동생인 홍계가 먼저 현종천황이 되었고, 형인 억계는 조금 후에 인현천황이 되지요. 인현천황이 되기 전의 억계는 487년 한반도에서 동성왕과 맞붙게 되는데, 그것에 대해서는 후술하겠습니다.

2. 483년

5년 봄에 왕이 사냥 나가 한산성에 이르러 군민을 위문하고 열흘이 되어서 돌아왔다. 여름 4월에 웅진 북쪽에서 사냥하여 신록神鹿을 잡았다.

'한산성'이라고 하니 일 년 전인 482년 9월에 말갈이 쳐들어 와 한산성을 함락시킨 일이 생각나네요. 백제본기에는 "말갈이 한산성을 습격하여 깨뜨리고 300여 호를 노략하고 돌아갔다"고 나오므로 아마 그때 살아 남은 사람들을 위로하기 위해 방문한 것 같습니다.

백제 건국신화를 보면 온조와 비류 두 사람이 등장하는데, 비류는 도성 선택을 잘못해서 다시 온조에게 돌아와 합쳤지만 죽었다고 나옵니다. 백제의 건국신화는 실사가 아니라, 어디까지나 많은 암시와 상징을 품고 있는 전해 내려오는 이야기이므로 실사를 뽑아내는 데는 많은 연구와 노력과 시간이 필요합니다. 그래서 이 이야기도 온조로 상징되는 한 계통과 비류로 상징되는 또 다른 한 계통이 있었다고 생각해야 합리적이지요. 필자는 이 비류야말로 『비류백제와 일본의 국가기원』을 쓴 김성호 님이 주장하는 비류백제의 '비류'라고 봅니다. 이야기 속에서는 죽었다고 나오는 비류계통은 사실 일본열도로 건너간 것입니다.

'신록'에서의 사슴이 말 그대로 사슴을 말하는 것인지, 부여족의 토 템으로서의 사슴이 상징하는 웅진 지역의 북쪽에 사는 일단의 부여 족 사람들을 쳤다는 뜻인지는 알 수가 없습니다. 사슴도 그냥 사슴 이 아니라 신록神鹿이므로 부여족 무리의 우두머리를 잡았다는 것일 수도 있겠습니다. 고대사에 나오는 '사냥'이 말 그대로의 사냥이 아닌 전쟁을 순화시킨 표현이라면 웅진의 다른 부여세력을 쳤다고도 볼 수 있습니다. '비류'는 '부여'와 의미가 같고, 글자만 달리 표기한 말이 기 때문입니다. 그런 맥락에서 웅진의 동성왕에 반대하는 부여족을 쳤다고 보는 것입니다. 앞 왕인 삼근왕 때 해구와 연신이 일으킨 반 란을 덕솔인 진로眞老가 정예 병력 5백 명을 이끌고 공격을 시도하여 해구를 잡아 죽였지요. 동성왕은 왕위에 오르자 이 진로를 승진시켜 병관좌평으로 삼고 내외병마사를 겸임토록 한 것을 보면 '신록'이 동 성왕에게 반대하는 해씨 세력이었을 것으로 생각됩니다. 그래서 그 사람들을 친 것을 순화시켜 신록을 잡았다고 하지 않았나 싶은 것입 니다.

흔히 고구려·백제·신라 삼국 중 고구려와 백제가 부여에서 나왔다 고 하니 우리 민족의 기저에는 부여족이 크게 자리잡고 있는 것이 맞 는데 크게 인식되지 않고, 연구에서도 도외시되고 있는 것 같습니다. 일본은 우리보다 훨씬 더 부여족의 후예라고 말할 수가 있겠는데, 백 제의 건국신화에서 나오는 두 줄기 중 하나인 비류가 『삼국사기』에서 는 죽었다고 나오지만 실은 일본열도로 건너갔기 때문입니다.

3. 484년

2월 남제 조공 성공, 고구려의 방해로 7월 남제 조공 실패

6년 봄 2월에 왕은 남제의 조(고조) 도성이 고구려의 거련을 책봉하여 표기 대장군으로 삼았다는 말을 듣고 사자를 보내어 표를 올려 내속되기를 청하 니 허락하였다. 가을 7월에 내법좌평 사약사를 남제에 보내어 조공케 하였는 데 약사는 서해 중간에 이르러 고구려 군사를 만났으므로 가지 못하였다.

480년에 남제에 사신을 보낸 적이 있는 동성왕이 484년 봄 2월과 가을 7월에 두 번 조공을 했네요. 이렇게 또 남제에 사신을 보낸 것 은 480년에 사지절도독백제제군사진동대장군으로 작호를 받았지만 정작 백제왕으로는 인정받지 못했기 때문입니다. 봄 2월에 보낸 사자 는 무사히 남제에 가서 상표문을 올렸고 내속되고자 한 것에 대해 허 락받았다고 했으니 남제로부터 무엇인가를 제수받았을텐데 무엇인 지는 알 수가 없습니다. 가을 7월에 내법좌평 사약사를 보냈을 때는 서해 중간에 이르러 고구려 군사를 만나는 바람에 가지 못했군요.

같은 해이며 시간상으로 그렇게 차이가 나지 않는데 2월에는 성공 했고, 7월에는 실패했다는 것은 무엇을 의미하는 것일까요? 전자는 아무래도 중국대륙에 있는 백제군에 의뢰해서 사자를 보냈기 때문에 성공하지 않았나 싶습니다.

그리고, 또 한 가지 눈길을 끄는 것이 있습니다. 사씨 성을 가진 인물이 등장하네요. 사씨는 좀 후의 사서이긴 하지만 『당서』에서 언급되고 있는 백제 8대 성씨 중 하나이지요.

모산성에서 신라와 합격하여 고구려의 침입을 막다

484년에 고구려가 신라를 쳐들어 왔습니다. 신라본기 소지마립간 6년 가을 7월조에 "고구려가 북변을 침범하니 우리 군사는 백제와 더불어 모산성 아래에서 합격하여 크게 부수었다"고 나오는데, 정작 백제본기 동성왕기에는 이에 대한 기사가 보이지 않습니다. 하지만 이듬해인 동성왕 7년 여름 5월조에 사신을 신라에 보내어 빙문하였다고 나오므로 그 앞 해인 484년에 고구려가 신라를 쳐들어 왔을 때 신라와 더불어 싸운 것은 틀림없다고 하겠습니다. 여기서도 동성왕이 소지마립간을 신속시키고 있음을 알 수 있습니다. 신라로 쳐들어온 고구려를 동성왕의 백제가 신라를 도와 함께 고구려를 쳐부순 것인데, 그 이듬해 신라를 빙문하였으니 대왕으로서 동성왕의 모습이 그려집니다.

신라와 백제가 힘을 합쳐 고구려군을 물리쳤다고 했으니 모산성은 신라의 북변이 되는 곳이면서 백제에서도 가까운 곳이라고 하겠습니다. 신라의 북변이라고 하면 흔히 우리는 경주 주변을 생각하기 쉬운데, 481년 고구려가 쳐들어 왔을 때도 말했듯이 신라의 북변은 중부 내륙이라고 봅니다. 모산성은 충북 청원, 진천이라고도 하고 경북 문경의 고모산성이라고도 하고, 전북 남원이라고도 하는데, 아무리 신라 땅을 넓게 잡아도 남원은 납득하기 어렵습니다. 남원은 낙동강의 서쪽이고 너무 남쪽인데다 공주와 경주에서도 먼 지역이기 때문입니다. 충북 청원, 진천이 유력할 듯한데 소지마립간 8년조에서 삼년산성과 굴산성을 개축하였다고 나오기 때문에 더 그렇게 생각이 됩니다. 당시는 각 나라의 영토가 영역보다는 성 위주로 점점이 위치해 있었지요. 모산성은 백제본기 무왕 3년 602년에도 언급이 되는데 그때는 신라가 가야를 패망시킨 후라서 이름이 아막산성 일명 모산성이라고 나옵니다. 여기서는 가야가 언급되지 않는 것으로 보아 모대는 대가야가 아니라 백제에 거주하고 있었던 것으로 생각됩니다.

4. 485년 5월에 소지마립간에게
사신을 보내다

7년 여름 5월에 사신을 신라에 보내어 빙문하였다.

동성왕은 전해인 484년의 모산성 전투에 대한 고마움의 표시로 이듬해인 485년 5월에 소지마립간에게 사신을 보내 공을 치하하면서 소지마립간과의 관계를 돈독히 한 것을 보면 역시 신라를 한 수 아래에 두고 다스린다는 느낌을 받지 않을 수 없으며, 그만큼 고구려가 강적이었음을 느낄 수 있습니다. 이렇게 가야 백제 신라를 아우르면서 고구려를 견제하는 모대는 대왕이라고 할 만합니다. 대왕이었습니다.

5. 486년

남제로부터 드디어 백제왕으로 인정받다

484년 7월에 고구려 수군에 막혀 남제에 사신을 보내지 못했던 동성왕은 486년에 또 사신을 보냈는데 마침내 백제왕을 제수받아 중국 대륙의 남조로부터 인정 받은 단 한 사람의 백제왕이 되었습니다. 이로써 모대는 중국대륙으로부터 본국 왕과 백제 왕까지 정식으로 인정되었습니다. 한 사람이 한 나라의 왕으로만 산다는 우리의 상식을 깨뜨리고, 그는 대가야 본국 그리고 백제의 왕이 되었고, 신라의 소지마립간을 휘하에 거느리는 대왕의 위치에 있게 되었습니다.

소지마립간과 크게 열병하는 동성왕

486년 백제본기에는 동성왕이, 신라본기에는 소지마립간이 크게 열병했다는 기사가 나옵니다. 신기하게도 두 사람이 입이라도 맞춘 것처럼 두 달 간격으로 소지마립간이 먼저 가을 8월에 낭산 남쪽에서 크게 열병했고, 동성왕은 겨울 10월에 궁 남쪽에서 크게 열병했습니다. 공통점은 남쪽이라는 것인데 남쪽의 어느 나라에 대비해서 두 왕이 열병을 한 것일까요?

이것에 대한 답은 그다음 해에 두 사람이 한 일을 보면 알 수가 있습니다. 이듬해인 487년에 둘은 일본열도에서 임나에 와 있던 기생반숙녜를 같이 깨부수었습니다. 그래서 두 사람은 이 기생반숙녜에 대비해서 열병했다고 할 수 있겠으나 기생반숙녜는 고구려 장수왕에 줄을 대고 내통하면서 고구려를 등에 업고 설쳤으니까 고구려에 대비한 것이라고도 하겠습니다. 그렇게 본다면 486년 봄 정월에 신라가 삼년산성과 굴산성을 개축한 것도 북쪽에 있는 고구려의 침공에 대비해서가 아닐까 싶습니다. 삼년산성은 충청북도 보은군 보은읍 어암리에 있는 성으로 소지마립간의 앞 왕인 자비왕 때인 470년에 지어졌는데, 소지마립간이 조금 손을 본 것입니다. 충청북도 보은이 신라땅이었다는 것이 신기합니다. 이것을 간파한 동성왕은 참으로 정보통이라 아니 할 수 없네요. 기생반숙녜와의 전쟁이 있었던 바로 그다음 해에 북위가 백제를 친 것을 보면 동성왕은 한 편으로는 북위와의 전쟁도 염두에 두고 있지 않았나 싶습니다.

6. 487년

삼한왕이 되려는 기생반숙녜紀生磐宿禰를 진압하다

기생반숙녜가 백제를 상대로 싸운 아래 기사는 『일본서기』 현종천황 3년 여름 4월조에 실려 있고 『삼국사기』 백제본기에는 나오지 않습니다. 현종천황 3년은 서력 487년으로, 한반도에서는 백제는 동성왕, 신라는 소지마립간, 그리고 고구려는 장수왕 시절이었습니다.

이 해 기생반숙녜가 임나에 있다가 양쪽에 걸쳐 고구려와도 통교하였다. 서쪽으로 삼한에 왕이 되려고 하여, 관부를 정비하고 스스로 신성이라 일컬었다. 임나의 좌로左魯, 나기타갑배那奇他甲背들의 계략을 써서, 백제의 適莫爾解를 이림(충남 대흥설과 전북 김제군이성의 설이 있다)에서 죽였다(이림은 고구려땅이다). 대산성(태인의 고명 대시산)을 쌓고 동도를 지켰다. 식량을 운반하는 항구가 끊겨 군사를 기아에 빠지게 하였다. 백제왕(동성왕)이 크게 노하여 영군 고이해, 내두 막고해 들을 보내 군사를 거느리고 대산을 쳤다. 이에 생반숙녜는 진군하여 요격하였다. 용기가 더욱 나서 향하는 바 모두 깨쳤다. 일당백이었다. 조금 있으니 군사는 다하고 힘이 빠졌다. 일이 안 될 것을 알고, 임나에서 돌아왔다. 이 때문에 백제국은 좌로佐魯, 나기타갑배那奇他甲背 등 300여 인을 죽였다.

먼저, 필자가 사용하는 신용신 번역의 『완역 일본서기』에는 '좌로左魯', '나기타갑배左魯那奇他甲背'로 번역되어 있어 두 사람으로 나와 있습니다. 필자는 다른 문헌을 참고하여 한 사람인 '좌로나기타갑배左魯那奇他甲背'로 고치고자 합니다. 그리고, 끝에 언급되어 있는 좌로나기타갑배佐魯那奇他甲背는 한자가 다르지만 앞에 언급된 좌로나기타갑배左魯那奇他甲背와 동일인물로 봅니다.

기생반숙네는 생반숙네로도 나오는 것을 보면 성씨가 '기'임을 알 수 있습니다. 기생반숙네가 한반도의 임나에 온 것은 465년 여름 5월입니다. 이보다 두 달 전인 465년 3월에 웅략천황은 신라가 말을 듣지 않는다는 이유로 치려고 했는데, 친정을 하지 말라는 신의 계시가 있었습니다. 그래서 그는 친정을 접고 기소궁숙네를 대장군으로 삼아 3명의 장군들과 신라로 보냈습니다. 이 싸움은 신라본기에서는 '봄 2월에 왜인이 감량성을 침범하였으나 이기지 못하고 돌아갔다'고 자비마립간 6년조, 곧 463년에 나와서 2년 차이가 납니다.

일부 사람들은 왜가 어떻게 신라에 대해 이런 고자세로 나갔겠냐면서 『일본서기』의 허풍이라고 보겠지만, 이때의 신라왕은 자비마립간으로 그는 좀 특이했습니다. 신라본기에는 눌지마립간의 아들로 순조롭게 왕통이 계승된 것으로 나오지만 신라본기를 잘 들여다보면 그는 453년에 신라로 들어온 '이리떼' 중의 한 '이리'로 추정됩니다. 처음에는 고구려 장수왕에 반항하고 웅략천황의 세력권 아래 들어가기도 했으나 결국 장수왕 노선에 합류할 수밖에 없었던 자비마립간에 대해 웅략천황의 심사가 뒤틀린 것입니다.

웅략천황의 명을 받들어 신라를 정벌하기 위해 출병한 대장군 기소궁숙녜는 얼마 싸우지도 못하고 병에 걸려 죽었습니다. 그래서 아들 생반숙녜가 아버지의 뒤를 이어 그 자리를 메꾸기라도 하듯이 두 달 후에 한반도로 건너온 것인데, 그는 자기 마음대로 하는 경향이 있었습니다. 그는 아버지와 같이 출병했던 장군들과 사이가 벌어져 마침내 그들 중 한 사람인 소아한자蘇我韓子숙녜를 활로 쏘아 죽이게 되었습니다. 결과적으로 신라 정벌을 위해 출병한 장군들은 한 명은 전장에서 죽고 한 명은 병들어 죽고, 한 명은 서로 간의 불화로 인해 죽고, 살아 남은 나머지 한 사람은 생반숙녜와 같이는 있을 수가 없다고 귀국해 버렸습니다. 그는 20여 년을 머물렀습니다.

기생반숙녜의 할아버지는 이중천황으로 백제의 전지왕

기생반숙녜가 삼한의 왕이 되겠다고 설레발을 친 데는 나름 대로 그럴 만한 명분이 있었습니다.『일본서기』에서는 이중천황으로 나오고,『삼국사기』백제본기에서는 백제의 전지왕으로 나오는 사람이 바로 그의 할아버지이었기 때문입니다. 전지왕의 아버지는 아신왕이고, 아신왕의 아버지는 침류왕입니다.

기생반숙녜의 고조할아버지인 침류왕은『일본서기』에서는 백제의 장군 '목라근자木羅斤資'로 나오며, '응신천황'으로도 등재되어 있습니다. 목라근자를 일본어식으로 읽어 보면 '모쿠라콘시'가 되어, '모쿠라/마쿠라'는 침류왕의 침류枕流에 해당하고, '콘시/콘(키)시'는 대왕이라는 뜻입니다. 또 다르게는, 목라木羅이니 목木이라는 나라의 대왕이라고도 해석할 수 있겠는데, 혹 그 나라가 목지국이 아니었을까요? 기생반숙녜의 성씨인 기紀는 일본어식으로 '키'로 발음되어, 일본어에서 나무를 의미하는 木과 발음이 같습니다. 곧 목木 씨인 것입니다. 일본열도로 건너간 목木 씨들은 세월이 흘러 목木에서 기紀로 다른 한자를 쓴 것입니다

전지(왕)는 당시 인질로 왜에 있었는데 405년에 아버지인 백제의 아신왕이 죽자, 당시 왜의 권력자인 응신천황의 아들이자 태자인 토도치랑자兎道稚郎子가 베푼 동한지지東韓之地를 받고 호위병의 보호를 받으며 한반도로 귀국하여 반대파를 숙청하고 왕위에 올랐습니다. 416년에는 동진으로부터 백제왕으로 책봉을 받았는데, 백제본기 전지왕 2년조(406년)에서 "2월에 사신을 진에 보내어 조공하였다"는 기록이 나오는 것을 보면 그때로부터 10년 후에야 비로소 백제왕으로 인정 받은 것입니다.

『일본서기』에 따르면 응신천황 25년조(414년)에 전지왕이 죽어 그의 아들 구이신이 즉위했는데, 구이신이 나이가 어려 목만지가 국정을 쥐고 있었다고 합니다. 그런데 서력 428년에 해당하는 응신천황 39년조에서는 전지왕이 여동생인 시세츠히메[新齊都媛]에게 7인의 부녀를 붙여 보냈다고 하므로, 적어도 전지왕은 백제 왕위에서는 물러났어도 428년까지는 어딘가에서 살아 있었던 것으로 보입니다. 『송서』를 통해서도 확인할 수 있는데, 송나라가 건국한 420년과 424년, 그리고 425년 3회에 걸쳐서 전지왕 여영이 송사했다고 나옵니다. 특히 425년에는 송나라가 여영에게 사지절도독백제제군사진동대장군 백제왕으로 임명했습니다.

백제본기에는 『일본서기』와 다르게 전지왕이 420년에 죽었다고 나오므로 전지왕 여영이 송나라에 세 차례 송사한 것이 구이신왕 시대

에 들어갑니다. 하지만 구이신왕은 송에 송사한 기록이 전혀 없습니다. 그래서 전지왕 여영은 당시 일본열도의 인덕천황이라는 큰 벽에 부딪혀 일본열도에서 일단 사라져 한반도 백제로 가 전지왕으로 재위하다가 한강 유역의 백제왕도를 아들인 구이신왕과 삼촌인 목만지에게 맡기고는 고조할아버지 응신천황의 땅이었던 동한지지, 즉 한반도 동남부로 거처를 옮겨 그곳에서 살면서 송나라에 송사한 것입니다.

『일본서기』에서 이중천황은 400년에 즉위하여 405년에 죽었다고 나옵니다. 405년은 백제의 아신왕이 죽고 아들인 전지(왕)가 한반도로 귀국한 해입니다. 고대에서는 사람이 없어지면 흔히 죽었다고 하므로 이중천황이 죽은 것으로 나오는 것입니다. 그는 그렇게 떠나있다가 427년에 그를 가로막고 있던 큰 벽이던 인덕천황이 죽자 곧바로 다시 일본열도로 건너와서 다시 왜왕으로 복귀했습니다. 그걸 일깨워주기라도 하듯 이중천황의 열도한어식 시호가 '거래수별去來穗別'입니다. 일본열도와 한반도를 왔다갔다 한 천황이라는 것을 시호가 말해주고 있는 것이지요.

기생반숙녜의 가계도를 그리면 '응신천황 = 침류왕 = 목라근자 〉 아신왕 〉 전지왕 = 이중천황 = 여영 〉 기소궁숙녜 〉 기생반숙녜'가 되겠습니다. 구이신과 기소궁숙녜는 형제지간이 되네요. 이런 조상을 둔 기생반숙녜였으니 삼한의 왕이 되겠다고 설칠 만하지요. 하지만 옛날 일을 들추어서 땅 찾기를 한다면 끝이 없을 것입니다.

동성왕 또한 명분이 있었습니다. 아버지는 가락국의 취희왕이었고, 왜의 웅략천황이었습니다. 대가야의 하지왕으로서 479년에는 남제로부터 보국장군 본국왕을 제수받았고, 486년에는 남제로부터 행도독백제제군사진동대장군 백제왕도 수여 받았습니다. 그리고 신라의 소지마립간도 신속시킨 대왕으로 군림하고 있었기 때문에 신라 땅까지 포함하면 남한땅이 거의 그의 세력권 안에 있었다고 해도 과언이 아닐 것입니다. 그러니 자신의 영토에서 왕이 되겠다고 설치는 그를 두고 볼 수는 없는 일이었겠지요. 그러고 보면 486년에 동성왕이 소지마립간과 열병을 한 것도 다 기생반숙녜에 대비한 것이었군요. 정말 모대는 정보 및 외교에 밝은 통치자였군요.

이렇게 패전을 면치 못하고 있는 기생반숙녜(억계)를 위해 고구려의 장수왕이 원군을 보내는 것이 당연하다고 여겨지는데 고구려본기에서는 거기에 관해서는 보이지 않고, 대신 485년 5월과 10월, 486년 4월, 487년 5월, 488년 2월과 4월과 8월, 489년 2월과 6월과 10월로 그가 죽기 2년 전까지도 빈번하게 북위에 조공한 기록이 보일 뿐입니다.

7. 488년

북위와 싸워 이기다

백제본기에 나오는 동성왕 10년조 기사입니다.

위가 군사를 보내어 치러 오다가 우리에게 패하였다.

동성왕 10년은 488년입니다. 북위와 싸워 이겼다는 이 기사는 『삼국사기』에는 달랑 한 줄 뿐이지만, 중국대륙의 역사서에도 엄연히 나와 있습니다. 그런데도 어떻게 백제가 당시 동아시아 최강대국 북위를 이길 수 있었겠냐, 북위가 북방유목민인 선비족의 나라임을 알고 있는 사람들은 북위가 어떻게 서해를 건너 한반도의 백제로 왔겠냐 반신반의하고, 기사 자체를 부정하기도 합니다. 반면에 소설가 이문열 님과 최인호 님을 비롯하여, 이 사실을 인정해야 된다고 하는 재야 사학자들도 꽤 있습니다. 이렇게 할 말이 많은 이 기사에 대해 한반도가 아닌 중국대륙에서 벌어진 전쟁이라는 점에 마침내 생각이 미친 사람들은 백제의 요서진출설 내지 대륙백제기원설을 주장하게 되었습니다.

백제의 동성왕은 남조와 관계를 맺었지 북위와는 왕래가 없었습니다. 백제와 그런 관계에 있는 북위가 왜 백제를 쳤을까요? 고구려본기를 들여다보니 그 무렵의 장수왕기는 북위에 조공한 기사로 꽉 차있습니다. 무슨 목적을 달성하기 위해 북위에 그토록 공을 들여 조공을 바쳤던 것일까요? 제아무리 막강한 권력을 누리는 황제라도 죽지 않는 이가 어디 있으며, 제아무리 강한 나라라도 늘 강한 나라로 존속하기는 어렵습니다. 장수왕은 3년 뒤인 491년에 생을 마감합니다. 그러니 당시 이미 노쇠한 장수왕으로서는 직접 전면에 나서서 싸울 수 없었을 것이고, 조공물로 북위의 환심을 사서 백제를 쳐 달라고 청을 한 것입니다. 당시 문명태후의 입김이 아주 강하게 작용하고 있던 북위는 국내정세가 아주 혼미한 상태이었고, 문명태후 또한 2년후인 490년에 죽습니다. 이러한 국내정세 속의 북위로서는 고구려 장수왕의 청 때문에 마지못해 치른 전쟁이었습니다.

당시 삼십 대 중후반의 용맹한 동성왕은 백제는 말할 것도 없고 대가야의 왕으로 있으면서 신라의 소지마립간을 신속시키고 있었고, 한 해 전인 487년에는 삼한왕을 자칭하면서 설레발을 치던 기생반숙네를 눌렀으니 당시 한반도에서는 무적의 대왕이었습니다. 이에 당황한 고구려의 장수왕은 북위를 끌어들여 동성왕을 흔들기 위해 북위에게 끈질기게 물량공세의 조공을 하였고, 북위는 거기에 넘어간 것입니다. 이런 동성왕이었으니 당연히 백제뿐만 아니라 가야·신라도 끌어들였을 것이라고 충분히 생각할 수가 있습니다. 또한 그가 남제로부터 관직을 제수받고 있었기 때문에 남제도 전쟁에 가담했습니다.

『위서』에 나오는 488년 전쟁에 대한 기록입니다. "太和十二年, 簫賾

將軍陳顯達等寇過, 甲寅詔豫州刺史元斤, 率衆禦之 태화 12년, 소색의 장군 진현달 등의 외적이 침입해 왔다. 갑인일 예주자사 원근을 시켜 외국인 부대를 지휘하여 막도록 했다"는 것인데, 태화 12년은 488년이며, '소색'은 남제 무제의 이름입니다. 남제가 북위로 쳐들어가서 북위의 자사가 '외국인 부대'를 지휘하여 막았다는 것이니 백제가 남제와 손을 잡았음을 알 수 있습니다. 여기 나오는 '외국인 부대'는 고구려 군사로 추정됩니다. 장수왕이 북위에 물량공세 조공을 하여 백제를 치라고 부탁한 것이니까요.

전쟁은 이듬해인 489년에도 이어졌습니다. "太和十三年春正月, 簫贖遣衆寇邊. 淮陽太守王僧儁擊走之 태화 13년 봄 정월, 소색이 외국인 부대를 보내어 변방을 침략했다. 회양태수 왕승준이 반격해 쫓아냈다"는 것인데, 태화 13년은 489년입니다. 489년에 남제가 보낸 '외국인 부대'는 바로 동성왕의 군대로 추정할 수 있겠습니다.

북위가 먼저 백제를 치자 남제가 북위를 침략했는데 북위에게 외국인 부대가 있었고, 남제에도 외국인 부대가 있었습니다. 북위가 지휘한 외국인 부대는 고구려 장수왕이 보낸 군사이고, 남제의 무제가 보낸 외국인 부대는 백제 동성왕의 부대로 생각됩니다. 이것으로 보아 동성왕은 남제와 손을 잡고 북위에 대항해서 싸웠고, 동성왕의 부대에는 신라의 군세도 합쳐졌다고 봅니다. 그래서 신라본기 소지마립간 10년조에 "東陽에서 눈이 여섯 달린 거북을 바쳤다. 배 아래에 글자가 있었다"는 기사가 적혀 있는 것이지요. 신라군의 공로를 치하하는 의미에서 소지마립간에게 내린 옥대라고 생각됩니다.

백제는 처음 중국대륙에 있었다

북위가 친 '백제'에 대해 백제의 '중국대륙진출설'이니 '대륙백제기원설'이 나오는 것은 무엇보다도 황하도 넘어가지 않은 유목민 출신인 북위가 한반도 서해안 쪽에 있는 백제까지 배를 타고 와서 싸웠다거나 고구려를 거쳐 육로로 와서 싸웠다고 생각하기는 어렵기 때문입니다. 아무리 장수왕이 노쇠했다 해도 당시 평양에 왕성을 두고 있던 장수왕으로서는 백제가 한반도 서해안 쪽에 있었다면 고구려가 직접 치는 것이 훨씬 효과적이었을 텐데 북위에 백제를 쳐달라고 요청을 한 것을 보면 이때의 백제는 북위에 더 가깝게 있지 않았을까 싶은 것입니다.

필자로서는 '중국대륙진출설'보다는 원래 백제가 중국대륙에 있었다는 '대륙백제기원설'을 지지하면서 몇 가지 그 근거를 들겠습니다. 488년 백제의 동성왕이 북위와 싸워 이겼다는 기사는 백제본기 외에, 『자치통감』 권136 제기齊紀 2 세조世祖 상지하上之下 6 영명 6년에도 나오는데 "永明六年, 魏遣兵擊百濟, 爲百濟所敗. 晉世百濟亦據有遼西晉平二郡也", 즉 "영명 6년, 위가 군사를 보내어 백제를 공격했으나 백제에게 패했다. 백제는 진나라 때부터 요서와 진평의 2군을 가지고 있었다"는 내용입니다. 영명 6년은 488년이며, 백제가 진나라 때부터 요서와 진평의 2군을 가지고 있었다는 문장이 바로 뒤이어 나오는 것을 보면 친절하게도 이 기사를 쓴 사가가 이 백제는 한반도에 있는 백제가 아니라 중국대륙에 있는 백제라고 가르쳐 주고 있는 것입니다. 이처럼 말과 글은 우리 인간이 나타내고자 하는 것을 다 실어서 전달하지 못합니다. 최소한의 약속일 뿐이므로 문학작품을 읽을 때처럼 역사서를 읽을 때도 행간을 읽어내야 합니다. 그냥 쓰인 것을 보고 외우는 것이 아니라 통찰력을 십분 발휘하여 뉘앙스를 느끼고 해석을 해서 깨우쳐야 합니다.

백제가 언급되는 이런 기사도 있습니다. 『자치통감』에 "처음에 부여는 녹산鹿山에 자리를 잡았는데 백제百濟의 침략을 받아 부락이 쇠잔해져서 서쪽으로 연 나라 가까이 옮겼으나 방비를 제대로 하지 않았다. 이에 연 나라 왕은 세자인 준雋(儁)을 보내어 (중략) 부여를 공략하니 (후략)"라고 나옵니다. 여기 나오는 '백제'가 잘못되었다고 하기도 하고, 고구려로 되어야 맞다고도 하지만, 그냥 그대로 백제라고 받아들이면 됩니다.

그리고, "宋朝初得之, 至後魏太武灭北燕, 亦得之而未具"라는 기록이 있는데, "송나라 초에 송나라가 백제악을 얻었고, 그 후에 북위의 태무제가 북연을 멸망시키고서 또한 백제악을 얻었으나 아직 완성되지 않았다"는 내용입니다. 송나라 초라고 하면 420년대이고, 북위의 태무제가 436년에 북연을 멸망시킬 때 그곳에 있던 "백제악을 얻었으나 다 갖추어지지는 않았다"고 하므로, 백제가 중국대륙에 있지 않고서는 어떻게 해서 산동반도에 자리한 북연을 친 북위가 백제악을 보유할 수 있었겠습니까? 백제가 중국땅에도 있었다고 생각하지 않으려야 않을 수가 없습니다. 이와 관련해서 좀 더 설명을 붙이면, 백제악은 중국의 한인왕조의 전통적인 악무인 청상악 계통이어서 청상악에는 서역악의 색채가 없습니다. 5세기대의 백제의 왕들은 전지왕을 비롯하여 비유왕, 개로왕, 문주왕, 동성왕 등 모두 중국대륙의 남조에 조공하고 작위를 받았습니다. 백제가 중국대륙에 없었고 오직 한반도의 백제였다면 자연히 왕들이 조공하여 작위를 받은 쪽으로부터 문화도 수용하게 되었을 것이니 백제악은 청상악 계통이겠지요. 그런데 612년에 백제인 미마지가 일본열도에 전해 준 고전악무인 기악은 가면의 형태가 움푹 들어간 눈과 높은 코의 서역인 모습이고, 또 그 기악에서 사용되는 요고 또한 전형적인 서역 악기이므로 서역악의 색채가 매우 강한 악무입니다. 그래서 그 '백제인'은 한반도 백제가 아니라 중국대륙의 백제 출신으로 생각되므로 중국대륙에 백제가 있었다고 볼 수가 있는 것이지요.

또, 『하늘에 새긴 우리 역사』를 쓴 박창범 님의 "『삼국사기』 백제본기에 수록된 일식 모두를 가장 잘 관측할 수 있는 지구상 위치는 발해만 유역이다"라는 말을 들 수가 있는데, 천문관측이 이루어지는 곳은 그 나라의 수도이므로 백제가 중국대륙에 있어야 하는 것입니다.

북위와의 전쟁은 488년에서 489년까지만 하고 끝난 것이 아니었습니다. 490년에도 전쟁을 했음을 보여주는 것이 495년에 동성왕이 남제에 올린 상표문인데, 그 상표문 내용에 490년 전쟁에 대한 언급이 나옵니다. 그러면서 동성왕은 공로가 있는 장수들에게 관직을 내려주기를 요청하는데, 각각 군인호 뒤에 광양태수, 대방태수, 조선태수, 광릉태수, 청하태수가 붙어 있습니다. 태수는 중국식 관직이므로 이것을 통해서도 백제가 중국땅에 있었음을 알 수 있습니다. 이와 관련해서 중국대륙에 백제가 있었음을 알 수 있는 또 다른 예를 들자면, 백제 위덕왕 여창이 북제로부터 동청주자사에 책봉되었다는 기록입니다. 백제의 27대 왕인 위덕왕 여창은 재위 기간이 554년부터 598년인데, 북제 후주 무평 원년 570년에 예전처럼 '사지절시중거기대장군대방군공백제왕使持節侍中車騎大將軍帶方郡公百濟王'에 책봉되었고, 이 듬해인 무평 2년 571년에는 '사지절도독동청주제군사동청주자사使持節都督東青州諸軍事東青州刺史'에 책봉되었습니다. 이 기록은 『삼국사기』백 제본기 위덕왕기 17년조와 18년조에도 나옵니다. 대방은 하북의 땅 이고, 동청주는 산동성으로, 북제는 업을 중심으로 한 크지 않은 나 라이므로 바로 옆에 있는 백제를 인정하여 그 힘을 빌려고 한 것으 로 보입니다.

지금의 우리의 사고방식으로는 한 나라가 중국대륙과 한반도에 나 뉘어서 떨어져 있다는 그 자체를 생각할 수조차 없지만 고대에는 그 랬습니다. 고구려를 '코쿠리', 신라를 '시라기'로 부르는 일본인들이 유 독 백제만 '하쿠사이'가 아닌 '큰 나라'를 의미하는 '쿠다라'라고 부르 는지 이해가 갑니다. 중국대륙에서 온 우리 조상 또한 일본열도로 진 출하여 한반도 남부와 일본열도 북큐슈 지방에 '왜'라는 나라를 세워 서 '왜'는 그렇게 존재했습니다.

그 옛날 우리의 선조가 중국땅에 나라를 세우고 활동했는데도 지 금의 영토 개념 상 중국땅에서 일어난 일이니까 중국의 역사라고 해 버리거나, 중국의 역사서에 엄연히 나와 있는데도 우리가 제대로 연 구하지 않아 이를테면 주로 강단사학자들이 한4군이 한반도에 설치 되었다고 하니 중국 측에서는 좋아라하여 만리장성을 한반도 안까 지 들인 지도를 전시하고 있습니다. 일본 또한 그 옛날 우리의 선조 가 일본열도로 건너가 나라를 세워 활동한 것을 일본땅에서 일어난 일이니까 일본의 역사라고 하고, 『일본서기』를 잘못 해석하여 고대에 자기네 땅이 한반도에 있었다고 주장하면서 신공황후神功皇后 신화에서 벗어나지 못하고 있습니다. 고대의 일을 지금의 잣대로 재고 서로 자기 땅이라고 주장하면서 영토분쟁을 일으켜야 옳은 일일까요? 고대사에 관한 한 동아시아 세 나라는 어쩔 수 없이 얽히고설켜서 살아온 긴 시간이 있으므로, 세 나라가 협업하고 연구하여 역사는 역사로 인정하면서 공유하는 것이 옳지 않을까요?

8. 계속 대륙백제에 머물고 있는 동성왕

488년 북위와의 1차 전쟁 이후 489년까지 전쟁이 이어졌음을 말해 주는 기록은 백제본기에는 보이지 않고, 489년에 해당하는 동성왕기 11년조에 "겨울 10월에 왕은 단을 설치하고 천지 신명에 제사 지냈다. 11월에 남당에서 여러 신하와 잔치하였다"고만 나옵니다.

서력으로 같은 해에 해당하는 소지마립간 11년조에는 "가을 9월에 고구려가 북변을 습격하여 과현(戈峴)에 이르고, 겨울 10월에 호산성을 함락시켰다"고 나오고, 『동국통감』권4 삼국기에도 "가을, 백제에 큰 풍년이 들었다. 가을 9월, 고구려에서 신라 북쪽의 변경을 습격하여 과현(戈峴)에 이르렀으며, 호산성(狐山城)을 함락시켰다. 백제왕이 남당(南堂)에서 여러 신하에게 연회를 베풀었다"고 나오므로, 489년에는 고구려가 신라의 북변을 습격해 왔음을 알 수 있을 뿐 고구려와 백제의 충돌은 보이지 않습니다.

489년이면 고구려 장수왕이 죽기 2년 전입니다. 당시 노쇠한 장수왕은 전해인 488년에 북위에게 물량공세의 조공을 하여 북위가 동성왕을 흔들어 주기를 바랐지만 북위가 패하고 어찌 하지 못 하자 신라를 쳐들어 갔네요. 그런데 동성왕이 신라를 돕지 않고 연회를 하고 있으니 혹 그는 중국대륙의 백제땅에 그대로 머물면서 남당에서 신하를 위해 연회를 베풀고 있었던 것이 아닐까요? 여태까지의 상황을 살펴보면 신라가 고구려의 공격을 받을 땐 백제의 동성왕이 도왔고, 백제가 고구려의 공격을 받을 땐 소지마립간이 도왔습니다. 이처럼 한 나라인 양 연합하여 고구려를 물리쳐 온 두 나라인데, 이 무렵에는 고구려가 신라에 쳐들어 왔는데도 동성왕이 신라에 원군을 보내는 대신 제사를 지냈고, 남당에서 신하와 연회를 벌였다고 백제본기에 나오니 이해가 가지 않습니다. 혹시 동성왕은 북위와의 1차 전쟁에서 이긴 것을 중국대륙에서 신하와 더불어 축하하고 있었던 것은 아닐까요? 그래서 신라에 원군을 보낼 수가 없었던 것이 아닐까요?

북위, 남제에게 화호를 청하다

고구려 장수왕의 청을 들어주어 마지못해 백제를 친 북위는 489년 남제에게 화호를 청하는데 남제가 이를 받아들입니다. 이로 인해 소도성 이래 동성왕이 남제와 맺어 왔던 동맹 관계에 균열이 생기기 시작했습니다.

9. 490년

남제에 표문을 올리다

동성왕은 남제에 표문을 올려 488년 북위와의 전쟁에서 공을 세운 부하장수들의 작위를 요구했습니다. 그것에 대한 기사가 『남제서』에 실려 있습니다.

"(처음 부분 누락) 가행영삭장군 저근 등 4명은 충성을 다하여 국가의 어려움을 물리쳤으며, 뜻과 용맹의 과단성은 명장에 비길 만하니 가히 나라의 한 성이요 사직의 든든한 울타리라 할 만합니다. 공을 논하고 노고를 헤아리면 마땅히 뛰어난 자리에 있어야 하므로 지금 전례에 따라 임시직을 주었습니다. 엎드려 바라건대 가엽게 여기시어 임시로 청한 관작을 허락하여 주십시오. 영삭장군 면중왕 저근은 정사를 잘 보좌하였고 무공 또한 뛰어나 지금 가행관군장군 도장군 도한왕으로, 건위장군 팔중후 여고餘古는 어려서부터 보좌하여 충성의 모범이라 할 만하다고 일찍부터 알려졌으므로 지금 가행영삭장군 아착왕으로, 건위장군 여력餘歷은 평소 충성과 정성이 있었고 문무가 뛰어나 지금 가행용양장군 매로왕으로, 광무장군 여고餘固는 정사에 충성을 다했으며 나라의 정치를 빛내고 선양하여 지금 가행건위장군 비사후라 하였습니다."

모대(牟大; 동성왕)가 또한 표문을 올려 다음과 같이 아뢰었다. "신이 파견한 행건위장군 광양태수 겸 장사 신 고달과 행건위장군 조선태수 겸 사마 신 양무, 행선위장군 겸 참군 신 회매 등 3인은 뜻과 행동이 맑고 밝으며, 충성과 정성이 일찍부터 드러나 지난 태시 연간 송나라 조정에 사신으로 갔습니다. 지금도 신의 사신 임무를 맡아 험한 파도를 무릅쓰고 바다를 건넜으니 그 지극한 공로를 생각하면 마땅히 관작을 더해야 하나 삼가 선례에 따라 각각 임시로 행직을 주었습니다. 또한 천자의 은택은 영험하고 훌륭하여 만 리까지 미치는데, 하물며 천자의 정원을 친히 밟으면서 신뢰를 받지 않을 수 있겠습니까. 엎드려 바라건대, 특별히 어여삐 여겨 정식으로 제수해 주십시오. 고달은 변경에서의 공이 일찍부터 뛰어났고, 공무를 부지런히 힘썼으므로 지금 가행용양장군 대방태수로, 양무는 뜻과 행동이 단아하고 일관되며 공무를 놓지 않아 지금 가행건위장군 광릉태수로, 회매는 뜻을 세우고 주도면밀하여 수차례 근면한 공을 세워 지금 가행광무장군 청하태수로 하였습니다." 조서를 내려 허락하였다. 아울러 장군호를 주고 태수직을 제수하였다.

모대는 저근을 도한왕으로, 여고餘古를 아착왕으로, 여력餘歷을 매로왕으로, 여고餘固는 불사후로 본인이 작위를 내렸다고 보고를 하면서 승인을 구하고 있습니다. 여씨가 많은 것이 눈에 띄네요. 흉노족 내지 선비족의 관료조직체계를 따라서일까요, 아버지인 왜의 웅략천황 또한 천왕으로 군림한 것을 보면 부전자전이라고 할까요. 동성왕이 이들을 왕으로 임명한 것을 보면 자신은 대왕의 위치에 있었음을 알 수 있습니다. 그리고, 광양태수 고달을 대방태수로, 조선태수 양무를 광릉태수로, 회매를 청하태수로 태수직을 내렸다고 보고를 하면서 승인을 구하고 있는데, 태수라는 관직명에서 그들의 통치영역이 중국대륙에 있었으니 여기서 또한 '백제'가 중국땅에 있었음을 알 수 있습니다.

남제로부터 백제왕으로 인정받다

그리고, "작고한 할아버지 모도를 이은 백제왕으로 모대를 삼으면 서 (중략) 행도독 백제제군사 진동대장군 백제왕 모대에게 조서를 내리니 지금 모대를 할아버지 모도를 이은 백제왕으로 삼는다"라는 기사가 이어지는데, 『남사』 제기 영명 8년(490년)에서도 백제왕 태泰를 진동대장군으로 한다는 기사가 나옵니다. 또, 『삼국사기』 백제본기 동성왕기 마지막에 붙은, 『책부원구』에 실렸다고 하면서 소개한 기사에서는 "영명 8년에 백제왕 모대가 사신을 보내어 표를 올리므로 망조부 모도를 세습해서 행도독 백제제군사 진동대장군 백제왕으로 삼는다"고 나오므로 세 기사 내용이 일치합니다.

이 세 기사에 나오는 백제왕이란 다름 아닌 동성왕을 말합니다. 『남제서』에서는 모대牟大로, 『남사』 제기 영명 8년(490년)에서는 태泰로, 『삼국사기』에서는 모대牟大로 나오므로, 동성왕의 이름이 여지껏 나온 모대牟大 외에도 태泰임을 함을 알 수 있습니다. 이것은 같은 소릿값을 가진 이름을 한자만 달리 쓴 것이기 때문에 글자가 다르다고 해서 다른 사람으로 여기면 안 됩니다. 당시는 한자를 빌어 소리를 적었기 때문에 한자는 다르지만 발음이 같으므로 동일인물인 것입니다. 동성왕을 가리키는 여러 이름에 대해서는 앞에서 이미 설명이 되었습니다.

신라에 용이 출현하다

490년은 신라본기에서는 소지마립간 12년으로, "3월에 용이 추라정에 나타났다"고 나옵니다. 여기서의 '용'이란 소지마립간의 뒤를 이어 지증마립간이 되는 인물을 상징하는 단어입니다. 이 '용'은 494년에 좀 더 실체를 드러내면서 역사의 무대에 등장하는데, 앞 해인 489년 소지마립간 11년조에 "가을 9월에 고구려가 북변을 습격하여 과현戈峴에 이르고, 겨울 10월에 호산성을 함락시켰다"고 나오니, 489년에 고구려 군사와 더불어 내려와 이듬해인 490년에 신라에 모습을 드러낸 것이지요.

491년에 죽는 고구려의 장수왕으로서는 이 '용'이 반가웠을 것입니다. 북위에게 부탁했지만 실패로 돌아간 그의 백제 침공 프로젝트가 이 인물에 의해 수행될 수 있었으니까요. 장수왕의 후원을 받은 '용'이 정식으로 신라왕이 되기 전에 신라를 집적거려 본 것입니다.

10. 491년 고구려 장수왕 죽다

이 해에 고구려 최전성기의 두 왕 중 한 사람인 장수왕이 죽었다는 것은 동시대를 살고 있는 동성왕에게는 큰 짐을 덜어낸 기분이었을 것입니다. 장수왕의 이름은 '거련' 혹은 '고련'이었고, '오래 산 왕'이라고 하여 '장수'라는 이름으로 고구려본기에 실려 나오지만, '장수'는 시호가 아닙니다. 시호는 '강康'이라고 고구려본기에 나옵니다.

이 해의 동성왕의 동향은 별다른 것이 없습니다. 491년에 해당하는 동성왕기 13년조에는 "여름 6월에 웅천물이 넘어 왕도의 200여 집이 떠내려갔다. 가을 7월에 백성이 굶주려 신라로 도망간 자가 600여 호나 되었다"고 나올 뿐입니다.

11. 492년

492년에 해당하는 동성왕기 14년조에는 "봄 3월에 눈이 내렸다. 여름 4월에 태풍으로 나무가 뽑혔다. 겨울 10월에 왕이 우명곡에서 사냥하여 친히 사슴을 쏘았다"라고 나옵니다.

12. 493년

신라 소지마립간과 혼인동맹을 맺다

493년을 전후한 각 나라의 동향을 살펴보면, 신라와 백제, 가야에는 변동이 없지만 고구려는 우리 역사 상 가장 오래 왕위에 있었던 장수왕이 491년에 죽어서 문자명왕으로 바뀐 지 얼마 되지 않았고, 494년에는 문자명왕의 도움을 받는 지대로라는 인물이 등장하여 이후 고대사는 또 한 번 소용돌이 치게 되지만, 아직 지대로는 그 본색을 드러내지는 않았습니다.

정보통인 백제의 동성왕은 무슨 낌새라도 챈 것 같습니다. 이 해에 신라의 소지마립간과 혼인동맹을 맺습니다. 둘의 사이는 여전히 변함없이 좋은데, 왜 동성왕은 신라에 사신을 보내어 혼인을 청했을까요? 아무래도 490년 소지마립간 12년조에 나오는 신라에 나타난 '용' 때문인 듯합니다. 백제본기 동성왕 15년조와 신라본기 소지마립간 15년조에서 똑같이 봄 3월에 두 나라 간의 혼인 기록이 나오는데, 백제본기에서는 이찬 비지의 딸을 보냈다고 하고, 신라본기에는 이벌찬 비지의 딸을 보냈다고 합니다. 그래서 이찬이 곧 이벌찬임을 알 수 있습니다. 『고깔모자를 쓴 단군』에서 "이벌찬은 관직의 제일 우두머리를 표현한 말이다. 이伊는 (중략) '위', '우'를 나타내고, 벌伐은 '부리'의 축약형이다. 찬은 '한邗', '간干' 등 우리말에서 '지도자'를 나타내는 말이다. 그러므로 이벌찬도 '소부리 한' 혹은 '소머리 한'으로 읽을 수 있다. 이는 위에서 이벌찬을 각각 '角干'으로 표기한 데서도 알 수 있다. 각간은 '소뿔 한'을 한자로 표기한 것이다. '소뿔 한'은 '소부리' 혹은 '소머리'를 한자로 훈독하여 읽은 것이다"라고 하는 정형진 님의 설명에서 알 수 있듯이 이벌찬이 우두머리, 곧 왕을 의미하므로 소지마립간을 가리킵니다. 비지比智라는 이름 또한 소지마립간의 이름인 '비처'와 비슷하여 확신이 갑니다.

478년 말 무렵에 가라국의 하지왕 말다는 박비처의 쿠데타를 도와 박비처를 신라의 소지마립간으로 세우고 자신은 국공이 되었지요. 필자는 가라국 하지왕 말다는 동성왕 모대이고, 이후 변신하여 신라의 법흥왕이 되었다고 추정하는데, 법흥왕의 비가 『삼국사기』에서는 보도부인으로 나오고, 『화랑세기』에서는 소지마립간의 딸로 나옵니다. 그래서 법흥왕의 비 보도부인은 소지마립간의 딸이지요. 자연히 앞에 나온 이찬 비지니 이벌찬 비지니 하는 사람은 바로 소지마립간인 것입니다. 『삼국사기』에는 소지마립간기가 있어, 소지마립간이 『조선왕조실록』의 한 왕처럼 보일지도 모르겠습니다. 하지만 당시 신라는 6부체제로 이루어져 있었고, 소지마립간이 6부 중의 한 부의 우두머리로 있으면서 왕같이 대표성을 지닌 위치에 있었기 때문에 '이벌찬 비지의 딸'을 보내 주었다고 쓰여졌다고 하겠습니다.

서동설화의 무강왕은 동성왕이다

『삼국유사』 제2권 기이 제2에 나오는 내용입니다.

21. 무왕

고본에는 무강왕武康王이라고 하였으나 틀린 것이다. 백제에는 무강왕이 없다.

제30대 무왕의 이름은 장璋인데, 어머니가 홀로 경사京師 남쪽 못 가에 집을 짓고 살면서 못의 용과 교통交通하여 낳았다고 한다. 어릴 때 이름은 서동薯童으로 기량이 헤아리지 못할 정도로 컸는데, 항상 마를 캐다가 파는 것을 생업으로 삼았으므로 나라 사람들이 이에 인하여 이름을 삼았다. 신라 진평왕眞平王의 셋째 공주 선화(善花:선화善化로도 되어 있음)가 매우 아름답다는 말을 듣고, 머리를 깎고 경사에 와서 마를 동네 아이들에게 나누어 주니, 아이들이 친하게 따랐다. 이에 노래를 지어서 아이들을 유혹하여 부르게 하였는데, 다음과 같다.

선화 공주님은 남몰래 정해놓고
서동방薯童房을 밤에 몰래 안고 간다네.

동요가 서울에 가득 퍼져 궁궐에까지 알려지자 백관들이 극간極諫하여 공주를 먼 곳에 유배시켰는데, 떠날 때 왕후가 순금 한 말을 노자로 주었다. 공주가 유배지에 이르게 되자, 서동이 도중에서 나와 절을 하면서 모시고 가겠다고 하였다. 공주는 비록 그가 어디서 온 사람인지 몰랐으나 우연히 만남을 기뻐하여 믿고 따르게 하였고 몰래 정을 통하였는데, 그런 연후에야 서동의 이름을 알게 되었고 이에 동요의 징험을 믿게 되었다.
그리고 함께 백제에 이르러서 어머니가 준 금을 내어 살아갈 계책을 세우려고 하자 서동이 크게 웃으며 말하기를, "이것이 무슨 물건이오?" 하니, 공주가 말하기를, "이것은 황금으로 100년 동안 부富를 이룰 수 있습니다"라고 하였다. 서동이 말하기를, "내가 어려서부터 마를 캐던 곳에 이와 같은 흙덩이가 쌓여 있소"라고 하였더니 공주가 그 말을 듣고 크게 놀라며 말하기를, "이것은 천하의 지극한 보배입니다. 당신께서 금이 있는 곳을 아신다면 이 보물을 부모님의 궁궐에 옮기는 어떻겠습니까?"라고 하였고, 서동이 좋다고 하였다. 이에 금을 거두었는데, 마치 구릉처럼 쌓였으므로 용화산龍華山 사자사獅子寺의 지명법사知命法師가 있는 곳에 가서 금을 운반할 계책을 물으니, 법사가 말하기를, "내가 신통력으로 옮겨줄 테니 금을 가져오라"고 하였다. 공주가 글을 써서 금과 함께 사자사 앞에 가져다 놓으니, 법사가 신통력으로 하룻밤 사이에 신라의 궁중으로 날라다 놓았으므로, 진평왕이 그 신통한 변술變術을 이상하게 여겨서 더욱 존경하여 항상 글을 보내어 안부를 물었다.

서동이 이로써 인심을 얻게 되어 왕위에 올랐다. 하루는 왕이 부인과 함께 사자사에 행차하려고 용화산 아래 큰 못 가에 이르니, 미륵삼존彌勒三尊이 못 속에서 나와 수레를 멈추고 경의를 표하였다. 부인이 왕에게 말하기를, "모름지기 큰 절을 이곳에 세우고 싶습니다"라고 하니 왕이 허락하였으므로, 지명법사에게 가서 못 메우는 일을 물으니, 신통력으로 하룻밤에 산을 허물고 못을 메워서 평지를 만들었다. 이에 미륵법상彌勒法像 3개와 회전會殿, 탑塔, 낭무廊廡 각각 3개소씩을 창건하고 액額을 미륵사라고 하였다[국사國史에는 왕흥사라고 했음]. 진평왕이 백공百工을 보내어 도왔는데, 지금까지도 그 절이 남아 있다 [《삼국사》에 말하기를, 이는 법왕法王의 아들이라고 하였는데, 여기서는 과부의 아들이라고 하였으니 알 수가 없음].

신화나 설화는 여러 사람들에 의해 오래 구전되어 오면서 비슷한 사실들은 합쳐지고 빠지기도 하여 왜곡되어, 시대적 배경과 공간적 상황이 불확실하고 상징성을 띄기도 합니다. 그렇다고 해서 한낱 이야기로 흘려보낼 것은 아닙니다. 그 속에는 실제의 역사가 분명히 존재하기 때문에 비유와 상징으로 얽혀 있는 이야기 속에서 실사만을 잘 골라내어 풀어야 하는 것입니다.

먼저 일연 스님의 잘못은 "고본에는 무강왕武康王이라고 하였으나 틀린 것이다. 백제에는 무강왕이 없다"고 하면서 무왕 편에 실어 놓은 것입니다. 다만 끝까지 미심쩍은 부분이 있었는지 맨 마지막에 《삼국사》에 말하기를, 이는 법왕法王의 아들이라고 하였는데, 여기서는 과부의 아들이라고 하였으니 알 수가 없음"이라고 해 놓았지만, 스님의 글에 대한 신망이 두터워 후손들이 다시 한 번 따져 볼 엄두를 내보지 못한 채 비판의식 없이 지금까지 그대로 그것을 신뢰해 왔던 것입니다.

일연 스님은 백제에는 무강왕이 없다고 했지만, '무강'을 일본어식으로 발음해서 왕을 붙여 보면 '무코'왕이 됩니다. '무코'왕이라는 말을 들으면 생각나는 사람이 『관세음응험기』에 나오는 바로 그 무광왕입니다. 무광武廣을 일본어식으로 읽으면 '무코'로 발음되지요. 즉, 서동설화에 나오는 무강왕이 『관세음응험기』에 나오는 무광왕과 같은 인물임을 알 수가 있는 것입니다. 필자가 누누이 말한 대로 고대사에서는 한자로 적혀 있다고 해도 그 한자의 의미를 따지지 전에 일단 먼저 소리 내어 보는 것이 참 중요하지요. 『관세음응험기』에는 "백제무광왕 천도지모밀지 신영정사百濟武廣王 遷都枳慕蜜地 新營精舍"라고 나와 "백제의 무광왕이 지모밀지로 천도하고 새로 절을 지었다"고 풀이할 수 있습니다. 그렇다면 무광왕은 누구일까요?

일본의 『신찬성씨록』에 무코모토[婿本]라는 성씨가 보였습니다.

"堵本; 倭建尊三世孫 大荒田(別)命之後也(화천국황별)"

"倭建尊三世孫 大荒田(別)命之後也"는 동성왕의 출생과 관련되는 적
준설화에서 동성왕의 가계를 말해 주고 있는 "田邊史; 豊城入彦命四
世孫 大荒田別命之後也(우경황별)"과 같으므로 '무코모토'씨는 그의 일
족인 것입니다. 무코는 일본어로 '사위'라는 뜻이니, 무코모토堵本는
'사위모도'가 되네요. 동성왕의 여러 이름 중에 '모도'도 있었고, 신라
소지마립간의 사위가 되었으니 '사위모도'가 되네요. 동시에 '사위왕',
곧 '무코왕'이라고도 불렀을 것임을 충분히 추측할 수 있으니 백제와
신라 사이에 맺어진 혼인동맹과 관련된 왕은 동성왕이라는 것이 바
로 확인됩니다. 이렇게 다의적이고 다중적인 의미를 부여해서 어떤
한 인물을 나타내는 한자를 만든 것을 보면 옛날 사람들의 말 지어
내는 재주는 정말 놀랍습니다.

고대설화 해석에서 여성은 영토 내지는 통치권의 향배를 나타내는
데 혼인하는 여성은 영토를 의인화한 것으로서, 신라의 선화공주가
백제의 서동과 결혼했다는 것은 신라가 백제 동성왕의 영토임을 말
하는 것입니다. 소지마립간은 동성왕에게 신속하고 있었기 때문에
신라가 백제에 종속되었다는 개념을 투영시킨 것입니다. 소지마립간
은 말다의 도움으로 권력을 잡을 수 있었고, 재위 기간 내내 동성왕
과의 사이는 아주 좋았습니다.

또 하나는 '薯童'라고 적힌 이 이름을 지금 우리가 부르듯이 '서동'이
라고 불렀을까 아니면 다르게 불렀을까 하는 것입니다. 필자가 지금
의 한자 읽기식으로 읽어서 나오는 소리인 '서동'을 한글로 적지 않고

군이 한자로 남겨 두는 것은 한자로 薯童이라고 적어 놓았다고 해서 '서동'이라고 해 버리면 더 이상 아무것도 나오지 않기 때문입니다. '마를 캐서 파는 아이'라고 했으니 이두식으로 읽었을 때의 '마토/마도/모토/모도'가 당시 사람들이 부른 이름에 더 근접하지 않을까 생각이 듭니다. 그렇다면 동성왕은 모대牟大요 하지왕 말다末多로 '마토/마도/모토/모도'라고 불리웠으므로 薯童과 동성왕이 동일인물임을 알 수 있습니다.

고대사에서는 사람 이름이 나오면 한자로 적힌 글자의 뜻보다는 어떻게 소리 나는지에 관심을 가져야 합니다. 그 소리를 한자로 적다 보니 여기저기 자료에 따라 한자가 달라져 한 인물의 이름이 여럿 있게 되고, 그 한자의 훈독에만 매달리면 동일인물임을 알아차리지 못하고 딴 사람으로 오인하기 십상이지요.

'마동'과 관련된 흥미로운 기사를 발견했습니다. 그 기사를 쓴 기자는 갑오년 '청마의 해'가 밝자 말과 관련된 지명 가운데 전북 익산의 마동馬洞을 소개했습니다. "마을 이름에는 갖가지 설화가 얽혀 있고 옛날부터 전해져 오는 지역 이야기와 주민들의 삶이 녹아 있다"고 운을 떼면서 마동이 예전에는 전주에서 서울로 올라가는 길목이어서 행인들이 이 지역에서 말에게 물을 먹이며 쉬어갔다 해서 '마동'이라고 불렀다는 민담이 전해져 온다고 했고, 마동은 옛 이리시의 중심으로 일제강점기 일본인들이 거주하며 마동정馬洞町이라고 부른 것을 해방 후 마동으로 변경한 것이라고 했습니다.

지금은 한자로 적혀 있으니 한자의 뜻을 풀이하여 말과 관련이 깊은 곳으로 추측할 수 있지만, 필자는 오랜 세월에 걸쳐 쓰여온 이 말이 삼국시대 서동 설화에 나오는 '마동'과 소리가 같으므로 관련이 있지 않을까 싶습니다. 더군다나 익산이라고 하니 더더욱 그런 생각이 듭니다. 익산은 얼마 전까지는 '이리'라고 불렀는데, 이 '이리'라는 소리에서 '어라'가 연상되고 여기에서 백제 부여가 떠오르기 때문입니다. 그 글을 쓴 기자는 글자에 충실하여 말의 해와 관련이 있다고 소개했지만 필자는 이 마동이란 소리에서 동성왕을 떠올렸습니다. '마동'이란 바로 서동요에서 그의 이름이니까요. '마동'이라는 소리 자체에 오랜 세월 동안 이렇게 저렇게 의미가 부여되면서 한자로도 굳어져 왔다고 생각됩니다.

일연스님에 의하면 서동요는 백제의 무강왕이 왕위에 오르기 전 마동으로 불릴 때 자신이 부르기도 했고, 여러 아이들의 입에 오르기도 했던 민요 형식의 노래입니다. 여러 사람의 입을 빌려 무엇인가를 이루어내는 방식은 가라국의 구지가와도 통하네요. 이 노래가 신라 향가의 시초가 아닐까 싶습니다. 그 후 신라에서는 '해가사'에서도 노래를 불러 절세미인을 구했고, 특히 노인이 한 말 "여러 입은 쇠도 녹인다"가 인상적이네요. 괴상한 별과 왜병을 물리쳤다는 '혜성가'도 있습니다. 이것이 글로 나타난 것이 팔만대장경이며, 지금도 덕담이나 기도로 이어지고 있지요. 이와 같이 노래 속에 깃든 언어의 주술성을 믿는 고대인들의 언어관은 지금도 우리 생활 속에 면면히 녹아 있습니다.

일반적으로 통용되는 무광왕이 무왕이라는 것을 뒤집는 또 한 가지 이유가 있습니다. 『삼국유사』에 나왔다고 해서 그대로 무왕과 진평왕이라고 보면 안 됩니다. 두 사람이 각각 백제와 신라 왕위에 있었을 때 두 나라는 참 많이도 싸웠기 때문입니다. 아무리 동지가 하루아침에 적으로 돌아서는 고대라고 하지만 사위와 장인 사이가 이럴 수는 없는 것이지요. 혼인동맹이라는 말이 있듯이 두 나라 사이의 혼인이란 것은 서로 사이좋게 지내면서 힘을 합쳐 다른 제3의 나라에 대해 공동대항하려고 하는 것이 아닙니까. 동성왕과 소지마립간은 입안의 혀처럼 더할 수 없이 연대가 잘 되었습니다. 서동요와 서동 설화는 동성왕과 소지마립간과의 혼인 이야기를 소재로 삼아만든 이야기인 것입니다. 백제와 신라가 혼인을 한 것은 동성왕과 소지마립간 때, 그리고 성왕과 진흥왕 때이지, 결코 무왕과 진평왕 때가 아닙니다.

13. 494년

왜 인현천황의 황태자가 되다

『일본서기』인현천황 7년 봄 정월조에 "소박뢰치초료존小泊瀨稚鷦鷯尊을 황태자로 하였다"는 기사가 나옵니다. 소박뢰치초료존에서 '존'은 높은 인물에 붙이는 말입니다. 인현천황이 누군가 하면 487년 삼한왕이 되겠다고 설레발을 치다가 동성왕에게 깨져서 20여 년 살던 임나를 떠나 일본열도로 되돌아간 기생반숙네입니다. 동생 현종천황의 뒤를 이어 왜왕이 되었군요.

그와의 싸움에서 이긴 동성왕이 494년 잠시 일본열도로 건너가 태자자리를 확보하고, 인현천황의 뒤를 이을 왜왕이 되고자 사전 작업을 한 것입니다. 그래서 501년 백제에서 추방되었을 때(『삼국사기』백제본기에서는 백가에 의해 시해되었다고 나옴) 일본열도로 돌아가 인현천황을 뒤를 잇는 무열천황이 될 수 있었던 것입니다. 태자를 세웠다는 기록이 나오는 경우는 뭔가 정변이 있었음을 암시하는 것으로, 인현천황의 다음 천황이 되는 무열(천황)이 인현천황과는 다른 계통이며, 인현천황의 왕권에 그림자가 드리웠음을 말해줍니다.

동성왕은 백제본기에서는 백가에 의해 죽임을 당한 것으로 나오지

만, 실은 501년 스스로 한반도의 백제를 떠났습니다. 지대로智大路라
는 인물때문이었습니다.

지대로智大路의 등장

고구려본기 문자명왕 3년 2월조에 "부여왕이 처자를 데리고 와서
나라를 바치고 항복했다"는 기사가 보입니다. 문자명왕 3년은 서력으
로 494년입니다. 우리 역사에는 북부여, 동부여, 졸본부여, 남부여,
등 부여가 여럿 있는데, 여기 나오는 부여는 어느 부여일까요? 동부
여는 광개토왕에게 신속되었고, 졸본부여는 고구려를 말하고 남부여
는 성왕 때의 백제를 말하니 북부여로 생각됩니다. 얼마 후에 이 부
여왕은 일본열도의 계체천황이 되는데, 그가 고구려 땅에 와서 나라
를 바치고 항복했다는 것은 문자명왕에게 몸을 의탁을 했다는 것입
니다. 이후 고구려와 왜가 손잡고 신라를 집적거리는 기사가 자주 등
장하는데, 이것은 계체천황으로 변신한 이 부여왕이 왜의 도움으로
신라 지증마립간으로 들어앉고자 했기 때문입니다.

살수 싸움

앞에 나온 고구려본기 문자명왕 3년 2월조 기사에 이어, 같은 해인
문자명왕 3년 가을 7월조 기사를 보면, "우리 군사가 신라 사람과 함
께 살수의 들에서 싸웠는데 신라 사람이 패하여 견아성을 보전하니
우리 군사가 포위하였다. 백제가 군사 3,000명을 보내어 신라를 구원
하므로 우리 군사가 물러났다"고 나옵니다.

같은 내용이 신라본기 소지마립간 16년조에도 나옵니다. "가을 7

월에 장군 실죽 등이 (중략) 고구려와 살수의 들에서 싸워 이기지 못하고 물러나 견아성을 보전하니 고구려 군사가 포위하였는데, 백제 왕 모대가 군사 3,000명을 보내어 구원하였으므로 포위망을 벗어나 게 되었다."

즉, 494년 가을 7월에 신라가 고구려와 살수의 들판에서 싸웠다는 기사입니다. 신라는 장수왕의 고구려와 여러 번 싸웠지만 특히 494 년의 싸움의 뒤에는 뭔가 있는 듯합니다. 왜냐하면 이에 앞선 494년 2월에 부여왕이 처자와 함께 나라를 들어 항복했다는 기사가 나왔 기 때문입니다. 아마도 이 부여왕으로 인해 전쟁이 나지 않았나 싶은 데 이 부여왕은 후에 신라의 지증마립간이 되고, 이름은 지대로智大 路입니다. 『삼국유사』에는 지철로智哲老로 나옵니다. 지대로智大路나 지 철로智哲老를 그냥 한글로 '지대로', '지철로'라고만 읽어 버리면 더 이 상 나올 것이 없습니다. 그냥 왕호인가 보다, 아니면 왕의 이름인가 보다라고 넘어갈 수도 있겠지만, 智대로나 智철로로 읽으면 智가 '우 두머리', '수장', '왕'을 의미하는 북방계 말임을 알아차릴 수가 있지요. 그래서 '왕 대로' '왕 철로'가 됩니다. 이것은 '대로왕' 또는 '철로왕'이라 고 부르는 우리 방식과는 달리 세종대왕을 King Seojong the Great 라고 하듯이 king을 먼저 말하고 있으니 서양식이네요.

좀 더 자세한 것은 후술하기로 하고 고구려와 신라의 싸움에 대해 서 살펴보면, 신라가 이기지 못하고 물러나 견아성에 들어갔고 고구 려 군사가 에워싸고 있는 상황에서 백제왕 모대가 구원군사 3천 명 을 보내자 고구려가 포위를 풀고 돌아갔다는 내용입니다. 고구려군 이 산성 수비의 수동적 방어가 아니라 능동적 공세를 취하여 살수의

'벌판'으로 나와서 맞불작전을 벌이는 상황이었던 것은 부여왕 출신인 지대로가 문자명왕의 도움으로 신라를 건드려 보고자 일으킨 전쟁이었기 때문입니다. 고구려군의 규모는 모대가 보낸 3천 명보다 더 많은 인원이었을 것으로 생각이 되는데 문자명왕과 지대로의 합친 군대였기 때문입니다. 이전부터 고구려는 남한강 일대를 점령하고 있었기 때문에 남한강 일대라고 하면 충청북도 충주시 가금면 용전리 입석부락에 세워진 충주고구려비(일반적으로 중원고구려비라고 알려짐)와도 관련지어 생각하지 않을 수가 없겠습니다.

먼저, '살수'의 들이 어딘지 살펴보겠습니다. 전장이 '살수 들', 즉 '살수 벌판'이라 하였으니 해전이 아니고 육전이 되겠고, '살수'라는 명칭에서 물길임을 분명히 알 수 있습니다. 『삼국사기』 지리지의 신라 편에 다음과 같은 기사가 보입니다. "삼년군은 본디 삼년산군인데 경덕왕이 이름을 고쳤다. 영현領縣으로 청천현이 있는데 본디 살매현薩買縣이었다." '살매'가 신라시대의 발음으로는 '살물'이었을 것이라 보기도 하는데, '살매'는 '살미'와 발음이 비슷하고 고구려말로 '미'가 바로 '물'을 말하기 때문입니다. 이것을 한자로 바꾸면 '수'가 되니 '살매＝살미＝살물＝살수'가 됩니다. 살수 벌판으로 추정할 수 있는 곳은 충주시 살미면薩味面으로, 달천이 남한강 본류와 합수되는 두물머리의 안쪽에 있는 곳입니다.

'물'을 의미하는 '미'에 대해 설명을 드리자면, 일본어로 물을 뜻하는 말이 '미즈'입니다. 이 말은 고구려말이 일본어의 근간을 이룬다는 대표적인 증거로 드는 말이지요. 현 한국어에도 물을 의미하는 '미'가 붙는 말이 있습니다.

1) 미 + 나리 = 미나리

나리는 나리인데 물에서 자라는 나리라는 뜻이며, 미나리가 자라
는 내를 미나리강, 미나리꽝이라 하지요

2) 미 + 더덕 = 미더덕

산에서 캐는 것이 더덕인데 더덕같이 생긴 것이 바다에서 나므로
미더덕이라 부르는 것입니다.

미더덕은 창원시의 진해만이나 마산만에서 많이 나지요. 향긋한
특유의 냄새를 가지고 있고 씹으면 톡 하고 속의 액체가 터져 나옵니
다. 해물찜에 많이 들어가는 해산물이지요.

'견아성'이 어딘지 알아볼까요? 견아성이 문경 방면에 있다고도 하
는데 필자는 견아성이 보은이라고 봅니다. 충청북도 보은군의 옛 이
름은 보시는 바와 같이 미곡과 매곡으로 나와 있으니 견아성은 충청
북도 보은군 회인면 부수리에 있는 매곡昧谷산성으로 비정할 수 있겠
습니다. 『삼국사기』 지리지(웅주)에 "매곡현昧谷縣은 본시 백제의 미곡
현未谷縣으로 경덕왕이 (매곡으로) 개명하였으며, 지금의 회인현이다"라
는 견야성 관련 기록이 처음 등장하여 조선시대에도 회인현이라고
했다고 하니 더욱 확신이 갑니다. 백제의 왕성이 있는 공주에서 보은
까지는 가까워서 갈 만한 거리입니다. 그래서 백제 동성왕이 군사 3
천 명을 빨리 보내 고구려의 포위를 풀 수가 있었던 것입니다. 어느
쪽이 먼저 쳐들어왔는지는 불분명하지만 신라가 고구려를 먼저 칠
이유가 없으므로, 고구려가 먼저 치고 온 것이며 그 중심에는 지대
로가 있었습니다.

14. 495년

남제에 표문을 올리다

동성왕은 495년, 즉 남제 명제 건무 2년에 표문을 올려 지난 490년 전투에서의 신하들의 공로를 치하하는 작위를 요구하는데, 이것은 백제본기에는 나오지 않고 『남제서』에 나옵니다.

신은 예로부터 분봉을 받아 대대로 조정의 영예를 입었고, 더하여 (통치권의 상징인) 절부와 부월을 받아 변경지역을 평정하였습니다. 지난번에 저근 등 이 모두 영광스러운 작을 받아 신하와 백성들이 모두 기뻐하였습니다. 지난 경오년에도 험윤이 잘못을 깨닫지 못하고 군사를 일으켜 깊이 핍박하니 신 이 사법명 등을 보내 군사를 거느리고 역습하여 밤에 번개처럼 습격하였습 니다. 흉리가 크게 당황하여 바닷물이 끓는 것처럼 붕괴되고, 달아나는 틈 을 이용하여 쫓아가 베니 시체가 들을 붉게 물들였습니다.

'예로부터 분봉을 받아 대대로 조정의 영예를 입었고'는 479년 남제 가 건국했을 때 가라국의 하지왕으로서 조공을 하여 보국장군 본국 왕을 제수 받은 것과 480년에 사지절도독 백제제군사 진동대장군 작 호를 받은 것, 그리고 490년에 백제왕으로 인정받은 것을 의미합니다.

'지난 번'이란 490년에 488년의 북위와의 전쟁에 대해 표문을 올린 일을 말합니다.

'지난 경오년'은 490년에 벌어진 전쟁을 말하는데, 적을 가리켜 '험윤'이라는 표현을 쓰고 있습니다. 사마천의 『사기』 흉노열전에 '험윤'이라는 말이 나오므로 '험윤'은 흉노를 가리키는 말입니다. 흉노가 망한 후 이 시점에 나오는 '험윤'은 흉노족의 후손 나라인 고구려입니다.

'잘못을 깨닫지 못하고'를 유의해서 보면, 488년에도 쳐들어온 '험윤'이 잘못을 뉘우치지 못하고 490년, 즉 경오년에 또 쳐들어왔다는 뉘앙스를 풍기는 대목이므로 여기서 488년 전투의 중심세력은 고구려였음이 밝혀집니다. 비록 백제본기에서는 북위가 쳐들어왔다고 나오지만, 북위는 그냥 고구려 장수왕을 청을 거절하지 못하고 들어준 것 뿐이라 맥없이 진 것입니다. 당시 북위는 섭정을 해 오던 풍태후가 죽은 후 효문제가 낙양으로 천도하려는 중이었기 때문에 전쟁을 할 여유가 없던 때였습니다.

'사법명 등을 보내'에서는 여전히 동성왕은 대륙백제에 머물고 있었음을 알 수 있습니다. 이어서 그 전쟁에서 활약을 한 장군들을 각각 매라왕, 벽중왕, 불중후 그리고 면중후로 제수해 주기를 요청하고 있는데, 신하들이 왕이었으니 동성왕은 대왕으로 군림했음을 알 수 있습니다.

『남제서』 백제국조에는 동성왕이 또 표문을 올린 기사가 나오는데, 동성왕은 사신으로 파견한 낙랑태수, 성양태수, 조선태수 외 장군 한 명에게 관직 제수를 요청하고 있습니다. 태수는 중국식 관직이므로 동성왕은 490년에 대륙백제에서 싸웠으며, 490년 전투에서 공을 세운 장군들의 작위 요청을 하기 위해 495년에 남제에 대륙백제의 수장들을 사신으로 보냈음을 알 수 있습니다.

또한 표문을 올려 다음과 같이 아뢰었다. "신이 파견한 행용양장군 낙랑태수 겸 장사 신 모유와 행건무장군 성양태수 겸 사마 신 왕무, 겸 참군 행진무장군 조선태수 신 장색, 행양무장군 진명은 관에 있으면서 사사로움을 잊고 오직 공적으로 일을 하여 위태로움에 처해 명령을 받아도 어려움을 극복하고 자기를 돌보지 아니했습니다. 지금 사신의 임무를 주어 험한 파도를 무릅쓰고 바다를 건너 그 지극한 정성을 다했으니 실로 관직을 올려 주는 것이 마땅하여 임시로 관직을 주었습니다. 엎드려 원하건대, 성조(중국)께서 특별히 은혜를 내리셔서 제수하여 주십시오." 조서를 내려 허가하고 아울러 군호도 주었다.

지대로, 백제를 공격하다

동성왕이 대륙백제에 머물고 있던 당시 한반도에서는 무슨 일이 있었을까 궁금해서 백제본기를 봤습니다. 495년에 해당하는 동성왕 17년에 고구려가 백제를 쳐들어왔네요.

가을 8월에 고구려가 치양성을 포위해 오므로 왕은 신라에 사신을 보내어 구원을 청하니, 신라왕이 장군 덕지德智에게 명하여 군사를 거느리고 구원케 하였다. 고구려 군사가 물러갔다.

이 전투 이전에 백제와 신라가 협력해서 고구려의 침공을 물리친 연도를 모아 보면 481년, 484년, 489년, 494년입니다. 협력하긴 했어도 다 신라에 쳐들어온 고구려 군사를 백제가 도와주어 물리친 것인데, 이 495년은 다릅니다. 고구려가 백제로 쳐들어온 것이고, 이에 백제가 신라에 도움을 청한 것입니다. 동성왕과 소지마립간은 대왕과 왕의 관계에 있으면서 고구려를 공동의 적으로 두고 있었기 때문에 그가 한반도 땅에 있었다면 이렇게 당하지는 않았을 것입니다.

495년에는 491년에 죽은 장수왕의 뒤를 이어 문자명왕이 들어서 있었으니 문자명왕 시절이지만, 여기 나오는 고구려 군사는 아무래도 494년에 새로이 나타난 지대로가 이끄는 군사로 보입니다. 그는 고구려에 나타난 그해 494년에 바로 신라를 공격하더니, 이듬해인 495년에는 신라와 손을 잡고 있는 백제를 친 것입니다.

15. 496년 소지마립간에게 흰 꿩을 보내다

18년 봄 2월에 가야국에서 흰 꿩을 보내 왔는데 꼬리의 길이가 다섯 자였다.

이 기사는 백제본기 동성왕기에는 나오지 않고 신라본기 소지마립간기에 나옵니다. 소지마립간과 관련이 되는 가야국이란 모대의 대가야로, 동성왕은 대륙백제에서 대가야로 돌아왔군요. 동성왕은 496년 신라 소지마립간에게 흰 꿩을 보내는데, 이것은 그 앞 해인 495년에 고구려가 백제의 치양성을 공격해 왔을 때 소지마립간이 구원군을 보내 준 것에 대해 그의 공을 치하하는 의미로 보낸 것입니다.

가을 7월에는 고구려에서 우산성을 공격해 오니 장군 실측이 출격하여 이하 위에서 무너뜨렸다.

496년에 고구려는 다시 신라의 우산성을 침공하여 보복성 공격을 감행하지만 신라는 이하에서 고구려군을 격파합니다. 동성왕이 머물고 있는 대가야의 도움이 있었던 것으로 추정됩니다.

16. 497년 일본열도로 일시 도해하다

497년에 해당하는 백제본기 동성왕 19년조에는 "여름 5월에 병관 좌평 진로가 죽었으므로 달솔 연돌을 병관좌평으로 삼았다. 여름 6월에 큰 비가 내려 민가가 무너지고 떠내려갔다"고 나와 별 특이한 사항이 보이지 않습니다. 하지만, 신라는 또 고구려의 공격을 받았는데, 신라본기에 "소지마립간 19년 8월에 고구려가 우산성을 공격하여 함락시켰다"고 나오고, 고구려본기에는 "문자명왕 6년 가을 8월에 군사를 보내 신라 우산성을 공격하여 빼앗았다"고 나와 두 개의 기록이 일치함을 알 수 있습니다. 고구려가 496년에 신라의 우산성을 공격했을 때는 실패했는데, 497년에는 함락시켰네요.

예로부터 신라와 고구려는 이래저래 관계가 많았습니다. 오랫동안 신라가 고구려에 신속하다가 슬슬 고구려의 세력권에서 벗어나려 하자 고구려가 많이 쳐들어 오기도 했지만 이 무렵은 부쩍 더한 것 같습니다. 494년 이후 해마다 이어진 고구려의 신라에 대한 공격은 아무래도 494년에 나타난 지대로와 관련이 깊어 보입니다. 후에 그가 신라의 지증마립간으로 들어앉는 것을 보면 신라의 왕이 되기 위한 작전으로 보입니다. 491년에 고구려의 장수왕이 죽고 문자명왕이 들어선 이후의 고구려와 신라의 충돌을 정리해 보면, 문자명왕 초기에는 거의 없었는데 494년부터 잦아집니다. 494년 살수 싸움을 비롯하여, 495년 백제의 치양성을 공격했을 때는 백제로부터 청을 받아 합세한 신라와 백제의 합동군에 졌습니다. 496년에는 신라의 우산성을 침공하지만 실패로 돌아갔고, 497년에는 재차 신라의 우산성을 공격하여 성공했습니다.

494년 이후 잦아진 고구려의 백제와 신라에 대한 침공에 대해 동성왕과 소지마립간은 공조하여 고구려의 공격을 물리쳤습니다. 그런데, 이상하게도 497년에는 고구려가 신라의 우산성으로 또 쳐들어왔지만 백제본기에서 동성왕이 신라를 도와 싸웠다는 기록이 보이지 않습니다. 어찌 된 일일까요?

『일본서기』에서 494년에 태자가 된 무열태자는 498년에는 무열천황이 되는데, 무열천황은 필자가 추적하고 있는 동성왕과 동일인물입니다. 그래서 필자는 동성왕이 497년에 잠시 백제를 떠나 일본열도로 도해하여 이끌고 간 군사로 세를 과시하고 반대파를 숙청하느라고 497년에 고구려가 재차 신라의 우산성으로 쳐들어왔을 때는 신라를 도울 수 없었다고 봅니다.

17. 498년 왜 무열천황武烈天皇이 되다

필자는 497년에 일본열도로 도해한 동성왕이 498년에 무열천황으로 즉위하고 다시 한반도로 돌아왔다고 보는데, 498년에 해당하는 동성왕 20년조에 탐라를 정벌했다고 나옵니다.

> 8월에 왕은 탐라耽羅가 조공의 예를 닦지 않으므로 친히 정벌하려고 무진주에 이르렀는데, 탐라가 듣고 사자를 보내어 죄를 구하니 이내 중지하였다(탐라는 곧, 탐모라임).

이 기사에 대해 일반적으로는 동성왕이 백제의 영토를 넓혀 나가기 위해서 남쪽으로 정벌에 나섰다고 말하고 있는데, 494년 이후 해마다 고구려의 공격이 일어나고 있는 판에 웅진성을 비워 두고 '친히' 남쪽으로 영토 확장 전쟁에 나서야만 했을까요? 필자는 498년에 무열천황으로 즉위하고 백제로 돌아오면서 탐라를 정벌하게 된 것이라고 봅니다.

이 기사에 나오는 '탐라'에 대해서도 의견이 많습니다. 제주도의 옛 이름이 탐라도라서 탐라를 제주도라고 생각하기 쉽지만 탐라가 제주도가 아니고 영산강 유역의 나주 지역에 있던 전남의 마한 잔존 세력 중의 유력한 소국이라고 보는 견해도 있습니다. 필자 또한 나주 지역의 한 소국으로 보는데, 실제로 영산강 유역에서는 대형 옹관묘나 왜계 무덤인 전방후원분이 많이 나왔습니다. 이 탐모라가 이때 정벌·복속되고 작아져서 양직공도에서는 '하ㅏ탐모라'로 나오는 것이 아닐까 싶습니다. 이렇게 말할 수 있는 것은 백제측 자료가 많이 실린 『일본서기』에서는 백제와 제주도의 탐라국이 최초로 접촉을 가진 시기가 무령왕 때인 508년으로 기록되어 있기 때문입니다.

18. 499년

499년은 『삼국사기』에 따르면 소지마립간기와 동성왕기 각각 21년에 해당하는데 소지마립간기에는 아예 기사가 없고, 동성왕기에서는 별다른 기사 없이 백제 내의 어려운 사정이 적혀 있습니다.

21년 여름 5월에 크게 가물어서 백성이 굶주리고 서로 잡아먹을 정도였고 도둑이 많이 일어나므로 신하들이 창곡을 풀어 구제하기를 청하였으나 왕이 듣지 않았다. 한산 사람으로서 고구려로 도망해 들어간 자가 2,000명이었다. 겨울 10월에 크게 괴질이 유행하였다.

19. 500년

지대로, 왜 계체천황이 되어 신라에 나타나다

동성왕과 동시대를 살면서 부딪치는 인물로 신라본기에서 지대로 智大路 혹은 지철로智哲路라는 이름으로 나오는 사람이 있습니다. 이름 이 비슷한데 왜 두 개로 나올까 궁금해 하는 분들을 위해 설명을 드리자면, 지금의 한자 읽기로 하면 '지대로' 혹은 '지철로'가 되어 같은 인물로 생각하기 어렵지만, 북방민족의 말에서 왕을 의미하는 '지'를 뺀 나머지인 '대로'와 '철로'를 일본어식으로 발음해 보면 '타(이)로'와 '테츠로'가 됩니다. '타(이)로'의 '이' 소리는 생략이 잘 되었고, '테츠로' 는 '텟로/테로/타로'로 발음이 된다고 생각되므로 둘은 같다고 볼 수 있는 것입니다.

단도직입적으로 말하면, 지대로 혹은 지철로는 한국과 일본의 고대사에서 독특한 족적을 남기고 있는 인물입니다. 그는 신라본기에 서는 지증마립간으로, 『일본서기』에서는 계체천황으로 이름을 올리 고 있습니다. 한국과 일본에 양다리를 걸친 왕이라서 한쪽에서 통용 되는 왕호인 지증마립간이나 계체천황으로만 부르는 것은 옳지 않다 고 생각되어 이름 중에서 '지대로'라고 부르겠습니다.

사실 그가 신라본기에 처음 등장한 것은 소지마립간 12년으로 490년이었는데, 그때 그는 '용'으로 상징되었지요. 고구려본기에는 494년에 나타나서 고구려 문자명왕의 도움으로 일본열도로 가 오토모노카네무라오-무라지[大伴金村大連]에 의해 왜의 계체천황으로 옹립되어 카와치[河內]의 쿠스바[樟葉]궁에서 즉위했습니다. 『일본서기』에 의하면 그는 응신천황의 5대손으로, 계보는 다음과 같습니다. '응신천황 〉 아들 稚野毛二派 또는 若沼毛二俣 또는 백제 아화왕阿莘王(아신왕) 〉 아들 意富富杼王 〉 아들 乎非王 〉 아들 彦主人王 〉 계체천황(=남대적왕男大迹王 또는 袁本杼王)'

왜의 계체천황이 된 이후 그가 신라에 나타난 것은 소지마립간 22년, 곧 500년입니다.

봄 3월에 왜인이 장봉진을 공격하여 함락시켰다.
여름 4월에 (중략) 용이 금성 우물에 나타났다. 서울에 누런 안개가 사방을 덮었다.
가을 9월에 왕이 날기군에 행차 (중략) 벽화 (중략) 아들 하나를 낳았다.
겨울 11월에 왕이 돌아갔다.

장봉진長峯鎭은 소지마립간 19년에 설치한 장영진長嶺鎭과 가운데 한자가 봉峯과 영嶺으로 다르지만 뜻은 같으므로 같은 곳으로 생각됩니다. 3월에 왜인이 쳐들어왔고, 4월에 용이 나타나더니 11월에는 왕이 죽었다고 하니 왕의 죽음에는 왜인과 용이 관련이 있지만, 소지마립간이 9월에 날기군에 행차했고, 그 이후인 11월에 죽었다고 나오기 때문에 왕은 전쟁통에 죽은 것이 아니라 실각했다고 생각됩니다.

여기서 용은 계체천황이고, 왜인은 그가 이끄는 대왜大倭의 군세입니다. 지금까지와 다르게 고구려가 아니라 왜가 쳐들어 왔다고 하는 것에서 그가 계체천황이 되었음을 알 수 있습니다. 그는 494년에 해당하는 고구려본기 문자명왕 3년 2월조에서 '부여왕'으로 홀연히 나타나 문자명왕의 후원으로 일본열도로 건너가 대왜의 계체천황이 된 것입니다. 왜는 지금의 일본에 있었다고 하고, 한반도 남쪽 해안지역에 있었다고 하고, 울산에 있었다고도 하는데 다 맞습니다. 고대사는 이동의 역사이기 때문에 사람들은 이동하거나 또 남아 있기도 했습니다. 한 집단이 계속 한군데 머물러 있었다고만 생각하면 고대사가 잘 풀리지 않습니다. 그때그때 상황에 따라 판단을 해야 합니다.

우두성 싸움에서 소지마립간과 함께 계체천황에게 지다

동성왕은 소지마립간의 신라와는 마치 한 나라인 듯 바깥의 공격에 같이 대항해 왔습니다. 그런 동성왕이 소지마립간이 죽는 판에 가만히 앉아서 두고 보지는 않았을 것으로 생각되어 500년에 해당하는 백제본기 동성왕 22년 기사를 보니 여름 4월에 우두성에서 사냥을 했다고 나옵니다. 고대사에서는 흔히 '사냥'이 전쟁을 의미하기 때문에 역시 그는 가만 있지 않고 전투를 했네요.

22년 봄에 궁 동쪽에 임류각臨流閣을 지었는데 높이가 5장丈이다. 또 못을 파고 진귀한 새를 기르므로 신하가 항소抗疏로써 간하였으나 받아들이지 않고 다시 간하는 자가 있을까 두려워하여 궁문을 닫아버렸다. (중략) 여름 4월에 우두성에서 사냥하다가 우박을 만나 이내 중지하였다. 5월에 가물었다. 왕은 좌우와 더불어 임류각에서 잔치하며 밤이 다하도록 즐겼다.

우두성은 충북 청원이라고도 하고, 가야 지역이라고도 하는데 아무래도 소지마립간을 도와서 싸웠기 때문에 신라와도 가까운 가야에 있어야 맞겠습니다. 동성왕은 가야의 왕이기도 했으니까요. 한편, 지대로가 고구려 문자명왕의 지원을 받은 점들을 감안하면 충북 청원이 맞다고도 볼 수 있겠는데, 당시 고구려는 이미 한반도의 반 이상을 차지하고 있었기 때문입니다.

그리고 여름인데 우박을 만났다는 말은 무슨 의미일까요? 여름 4월이면 양력으로는 5월이나 6월일 텐데 우박이 떨어졌다니 믿기지 않네요. 사냥이 전쟁을 의미하므로 이와 관련해서 생각해보면 화살이 빗발치는 상황을 마치 우박이 하늘에서 떨어진다고 표현하지 않았을까 싶습니다. "중지하였다"라고 하는 것을 보면 힘에 부쳐서 물러난 것입니다. 동성왕이 지대로가 도모한 신라 소지마립간을 전복시키기 위해 일으킨 전쟁에서 힘들게 싸웠음을 은유적으로 표현한 것입니다.

거의 같은 시기에 왕이 된 신라의 소지마립간과 백제의 동성왕은 무너지는 시기도 거의 같았습니다. 500년 싸움에서 소지마립간이 무너지고, 소지마립간을 지원하던 동성왕도 힘에 부쳤는지 1년 후에는 한반도를 떠나 일본열도로 되돌아갑니다.

20. 501년 죽지 않고
일본열도로 되돌아가다

501년에 해당하는 동성왕 23년조 기사를 보면 11월 어느 날 왕이 백가의 칼에 찔렸는데 12월에 이르러 돌아갔다고 나옵니다. 제대로 칼에 찔렸다면 금방 그 자리에서 죽었을 텐데, 11월에 칼에 찔리고 달을 넘겨 12월에 죽었다는 것으로 보아, 그 자리에서는 죽을 정도가 아닌 만큼만 찔렸다, 즉 찌르는 흉내만 냈다는 것이 아닌가 싶고, 고대사에서는 왕이 없어진 경우에도 죽었다고 기록한다는 점까지 생각해보면 죽지 않고 사라진 것이 아닌가 싶습니다.

앞에서도 서술했듯이 필자는 무열천황과 동성왕을 동일인물로 보고 있는데, 무열천황 4년조에서 "國人遂除而立嶋王", 즉 "나라사람들이 마침내 제거하여 도왕(무령왕)을 세웠다"고 하면서 『백제신찬』에서는 "末多王無道 暴虐百姓國人共除", 즉 "말다왕이 무도하여 백성에게 포학한 짓을 하였기 때문에 나라사람들이 같이 제거하였다"고 나옵니다. 『일본서기』에 의하면 백제의 말다왕, 즉 동성왕은 적어도 살해된 것 같지는 않습니다.

더욱이 백제본기에서 도성 근처에서 사냥하던 중 신하에 의해 살해되었다고 나오는 때가 501년 12월이고, 『일본서기』에서는 그가 천황이 되기 전 일찌감치 무열태자가 되어 있다가 501년 12월에 역적에게 이겨서 정권을 잡은 것으로 되어 있는 것을 보면, 우연의 일치라고 볼 수도 있겠지만 이렇게 연도와 달까지 일치하니 더욱 심증이 굳어집니다.

동성왕이 죽지 않고 살아서 일본열도로 되돌아가 무열천황이 되었다는 것은 이 책의 큰 줄기이면서 이 책을 전개시켜 나가는 원동력이 되기 때문에 그의 마지막을 말해 주는 백제본기 동성왕 23년조를 자세히 보겠습니다.

> 봄 정월에 왕도의 노파가 여우로 변하여 가 버렸다. 호랑이 두 마리가 남산에서 싸우므로 잡으려다 못 잡았다.
> 3월에 서리가 내려 보리를 해쳤다.
> 여름 5월에 비가 오지 않고 가을에 이르렀다.
> 7월에 탄현炭峴에 책을 만들어 신라를 방비하였다.
> 8월에 가림성加林城을 쌓고 위사좌평 백가苩加로 하여금 지키게 하였다.
> 겨울 10월에 왕이 사비의 동원(東原: 동쪽 들)에서 사냥하였다.
> 11월에 웅천의 북원에서 사냥하고 또 사비의 서원에서 사냥하는데 큰 눈이 내려서 막혔으므로 마포촌馬浦村에서 묵었다. 처음에 왕이 백가에게 가림성을 지키게 하였으나 가(백가)는 가지 않으려고 병을 칭하여 사임하니 왕이 허락지 않았다. 이로써 왕을 원망하더니 이에 이르러 사람을 시켜 왕을 칼로 찌르게 하였다.
> 12월에 이르러서 돌아가니, 시호를 동성왕이라 하였다. (후략)

노파와 여우는 둘 다 지혜와 변신의 상징으로 '왕도'의 노파이니 동성왕을 의미합니다. 남산은 신라 경주의 남산으로, 남산에서 싸운 두 마리의 호랑이는 소지마립간과 그에 도전하는 지대로를 상징합니다. 동성왕은 신라로 가, 두 사람을 자기 통제권 안에 두려고 했으나 성공하지 못 하고 돌아온 것입니다. 그래서 7월에 탄현에 책을 만든 것입니다. 그런데 신라를 방비하기 위함이라는 것이 석연치 않습니다. 왜 백제가 신라에 대비하여 책을 쌓았을까요? 마치 한 나라인 양 오래 손잡고 잘 지내 온 동성왕의 백제와 소지마립간의 신라가 사이가 틀어져 서로 등을 돌린 걸까요? 그게 아니라면 소지마립간이 죽은 후에 들어선 신라왕과 동성왕의 사이가 좋지 않았다는 증거가 아닐까요? 소지마립간의 뒤를 이은 왕은 바로 지증마립간이며, 지대로입니다. 즉, 소지마립간이 죽은 후의 신라에 새로 들어선 세력인 지대로의 신라에 대비하여 백제의 동성왕이 7월에 탄현에 책을 만든 것입니다.

4장

왜 무열천황 시대
(498년~506년)

1. 502년

무열천황으로 사는 동성왕

백가의 칼을 맞아 죽었다는 동성왕이 살아서 일본열도로 되돌아와 무열천황이 되었다는 것을 아직도 믿을 수 없다면 『일본서기』 무열천황기를 읽어 보시지요.

2년 가을 9월, 임신한 부인의 배를 갈라 그 태를 보았다.
3년 겨울 10월, 사람의 생손톱을 뽑고서 산마를 캐게 하였다.
4년 여름 4월, 사람의 머리털을 뽑고, 그 사람을 나무 위에 올라가게 하였다. 나무의 밑을 베어 넘어뜨려 오른 사람이 떨어져 죽은 것을 보고 쾌락을 삼았다. 이 해, 백제의 말다왕(동성왕)이 무도하여 백성에게 포학한 짓을 하였다.

왜 무열천황기에 동성왕에 대한 기사가 나오는지 생각해 보아야 합니다. 이것이야말로 백제의 동성왕이 무열천황과 동일인물이라는 것을 말해 주고 있는 증거인데 우리가 알아차리지 못하고 있었던 것입니다. 역사는 통찰과 해석의 학문입니다. 무열천황의 잔인함을 묘사하는 설명 끝에 느닷없이 백제의 말다왕, 곧 동성왕에 대한 기사가 나오는 것을 보고 두 인물이 동일인물이라는 것에 착안할 수 있어야 합니다. 지금 우리의 고정관념으로는 도저히 상상할 수 없는 일이긴 하지요. 그래서 많은 서양학자들이 『일본서기』에 나오는 역사는 일본의 고대사가 아니라 한국의 고대사라고 말하고 있는 것입니다.

고대사에서 태자란 후계자를 일컫는 말로, 혈연으로 맺어진 부자 사이에만 국한되지는 않습니다. 평상시 순조롭게 태자 책봉이 이루어진 경우에는 굳이 태자를 세웠다는 기록을 할 필요가 없기 때문에 기록을 하지 않습니다. 그래서 『삼국사기』나 『일본서기』에서 태자로 삼았다는 기사가 나오는 때는 왕권이 위태로워졌음을 암시하고 있다고 보아야지요.

서력 494년에 해당하는 인현천황 7년 정월조에서는 소박뢰치초료를 황태자로 삼았다는 기사가 나오고, 서력 494년에 해당하는 무열천황 전기 8월조에는 무열을 태자로 세웠다는 기사가 나옵니다. 또한 무열천황 전기 8월조에는 그가 어렵게 천황이 되는 과정도 나오므로 인현천황조는 494년부터 위태로워졌다고 하겠는데, 그 위협을 가한 인물이 소박뢰치초료이자 무열태자이고 곧 동성왕입니다. 기생반숙녜와의 488년 전투에서 이겼기 때문에 후에 인현천황이 된 기생반숙녜에게 그다음의 천황이 될 태자 자리를 요구할 수 있었던 것이지요. 동성왕은 그때 백제의 왕으로 있으면서 일찌감치 일본열도에 후계자 자리를 찜해 놓고 있었던 것입니다.

그는 정보통이었습니다. 새로이 일어나는 지대로, 곧 계체천황에 밀려 백제를 떠날 수밖에 없는 상황이 벌어지자 501년에 사마(동성왕의 뒤를 이은 무령왕)에게 백제를 부탁하고 일본열도로 되돌아가 무열천황으로 살았습니다.

양나라로부터 왜왕 무로 책봉

동성왕 모대가 일본열도로 되돌아 갔으므로 예전처럼 '말다'로 부르겠습니다. 되돌아간 해인 502년에 말다는 무열천황으로서 같은 해 막 건국된 중국 남조 양나라에 이번에는 왜왕으로서 인지를 받기 위해 사신을 보냈습니다. 그것을 말해 주는 기사가 『양서』 천감 원년의 왜왕 무 책봉기사로, 천감 원년은 서력 502년입니다. 왜왕 무라고 하면 왜5왕 중 한 명인 웅략천황을 떠올리겠지만 왜왕 무는 두 사람 있습니다. 아버지 왜왕 무와 아들 왜왕 무가 있는데, 아버지 왜왕 무인 웅략천황은 20년 전에 이미 죽었기 때문에 왜왕 무는 웅략천황이 아니라 무열천황인 것입니다.

되돌아보면, 그는 가라국의 하지왕으로, 본국의 왕으로, 백제의 동성왕으로서는 책봉받았습니다. 이번에는 왜왕으로 인정을 받고자 한 것으로, 『양서』 백제조에서는 "제나라 영명 연간(483~493) 모대를 도독백제제군사 진동대장군 백제왕으로 삼았다"고 나오고, 바로 이어서 "천감 원년 모대를 정동(대)장군으로 올려 주었다"고 나오는 것을 보면 더욱 확실해지지요.

2. 503년

스다하치만[隅田八幡] 인물화상경

일본 와카야마[和歌山]현 하시모토[橋本]시에 있는 스다하치만[隅田八幡] 신사에는 백제 무령왕이 왜왕에게 보낸 구리거울이 보관되어 있습니다. '스다하치만 인물화상경'이라고 불리는 이 구리거울은 앞면에 9명의 인물이 조각되어 있고 뒷면 둘레에는 48자의 명문 "癸未年八月日十大(六)王年 男弟王在意柴沙加宮時 斯痲念長寿 遣開中費直穢人今州利二人等 取白上同二百旱作此竟"이 있습니다.

9명의 인물에 대해『일본천황도래사』를 쓴 와타나베 미츠토시[渡邊光敏]는 "(인물)화상경의 인물은 마상의 남제와, 산책하는 높은 모자를 쓴 곤지와 소매가 긴 옷을 입은 곤지부인, 그리고 네 사람이 나란히 서 있는 가운데의 검을 들고 있는 아이가 사마와 모

스다하치만 신사 인물화상경
출처: https://ko.wikipedia.org/

대일 것 같은 인물화가 그려져 있다. 지난 일을 생각하게 하는 한 폭의 정경"이라고 설명하고 있습니다. 48자의 명문에 대한 풀이는 사람마다 조금씩 다르지만 큰 줄기는 무령왕 사마가 남제왕의 장수를 기원하며 거울을 만들었다는 것입니다.

남제왕은 무열천황이요, 곧 동성왕이다

우선 명문에 나오는 두 인물인 남제왕과 사마가 누구인가가 문제가 되는데, 사마는 무령왕릉의 묘지석에 적혀 있는 무령왕의 이름입니다. 남제왕은 다들 계체천황이라고 알고 있지만 그렇지 않고 무열천황, 곧 일본열도로 되돌아간 동성왕입니다. 한자로 적혀 있다고 해서 '남제'로 읽으면 안 되고, 이두식으로 풀이를 해야 합니다. 남제왕을 계체천황으로 본 데에는 일단 두 사람의 성씨가 '남'으로 같고 계체천황의 이름인 '대적大迹'과 남제왕男弟王의 이름인 '제弟'를 일본식으로 발음해 보면 발음이 같다는 것이 작용한 듯합니다. 하지만 대적大迹은 '오-도'로 발음되고, 제弟는 '오토-토'로 발음되어 발음이 같지 않습니다.

대부분의 연구자들은 남제男弟를 지금 식의 한자 뜻풀이를 해서 남동생이라고 하는데, '남동생'이 아닙니다. 그 왕의 '이름'입니다. "가을 7월, 軍君이 京에 들어왔다. 이미 5인의 子가 있었다[백제신찬에 말하였다. 후표년, 개로왕이 아우 昆支君을 내보내어 대왜에 가서 천왕을 모시게 하였다. 형왕兄王의 수호를 닦았다.]"에서 알 수 있듯이 '형왕兄王'이라는 말이 있으니 '동생왕'이라는 의미로 쓰려고 했다면 '제왕弟王'이라고 하면 될 것입니다. 그런데 왜 남자동생과 여자동생을 구분하여 쓸 필요도 없는 고대에

군이 '사내 男'을 더 붙여서 남제왕으로 해야 했는지 이 점을 이해하기 어렵습니다.

여기서는 무엇보다도 이 '男'이 부여의 왕성임을 눈치채야 합니다. 백제의 왕성인 여餘는 '남을 여'이니까 男의 음독인 '남' 내지는 '나믈'에서 '여'를 챙깁니다. 제弟를 지금 우리들은 '제'로 발음하지만 구개음화가 일어나기 전에는 '뎨' 내지는 '대'로 발음되었을 것으로 생각됩니다. 그러므로 男弟는 '남제'라고 읽으면 안 되고 '여대'로 읽어야 하는 것입니다. 이렇게 되면 백제의 왕성인 '부여' 또는 '여'에 '대'라는 이름을 가진 인물만 찾아내면 되는데, 바로 동성왕입니다.

남제男弟는 '남동생'이 아니라 사람의 이름인 '여대'이고, '여대'는 동성왕의 이름으로 당시 왜왕인 무열천황입니다. 503년에 마흔셋인 무령왕은 자신보다 열 살 정도 나이가 많은 동성왕이 변신한 무열천황의 장수를 축원하면서 구리거울을 만들어 바친 것입니다. 이것은 백제본기에 나온 것과는 달리 동성왕이 죽지 않고 일본열도로 되돌아가 무열천황이 되었음을 말해 주는 확실한 증거가 되는 것입니다. 앞에서도 누누이 말했듯이 고대기록에 나오는 한자는 한자로 적혀 있지만 지금 우리가 한자를 읽는 식으로 대하면 안 됩니다. 때로는 음독으로 때로는 훈독으로 또 어떤 때는 음독과 훈독을 섞어서 그때그때 잘 판단해야 합니다.

이 외에도 서로 다른 의견이 많은 몇 군데에 대해서 필자가 해석에 도전해 보았습니다.

癸未年八月日 十大(六)王年

"癸未年八月日 十大(六)王年"에 대해서도 해석이 정립되어 있지 않습니다. 사람에 따라 의미단어를 끊는 곳이 다른데, '癸未年八月日十 大(六)王年'으로 끊어 읽는 사람도 있고, '癸未年八月日 十大(六)王年'으로 끊어 읽는 사람도 있습니다. 필자는 후자로 보고 해석을 시도했습니다. 癸未年八月日에 대한 해석을 해 보면, 지금도 날짜를 명기하는 경우에 '월'은 기입하지만 '일'까지 날짜를 적어 넣기는 어렵지 않습니까. 계미년이라고 간지가 드러나 있으므로 이 시대에 근접한 연도로 생각되는 443년과 503년 중에서는 503년이 맞습니다. 443년이라면 무령왕과 동성왕이 태어나지도 않았기 때문입니다. 그리고, 503년이어야 501년에 한반도에서 사라진 동성왕이 다시 일본열도에 나타날 수 있으니까요. 十大(六)王年에 대한 해석으로는 청동거울에 새겨진 글자가 명확히 보이지 않아 '大'로 보기도 하고 '六'으로 보기도 하는데, 필자는 '大'로 보고, 아무래도 그다음에 나오는 남제왕과 관련되는 연도로 보이므로 남제왕이 왕이 된 지 10년이 되는 해로 해석했습니다. 그가 인현천황을 흔들어 후계자가 된 것이 494년이어서 503년 무렵에는 재위 10년이 되니까요.

男弟王在意柴沙加宮時

男弟王은 남제왕, 곧 여대왕으로 동성왕임을 알았습니다. 意柴沙加를 열도한어로 읽으면 '오시사카'입니다. '意'는 '오'로 발음되고 '크다'는 뜻이고, 柴는 '시'라고 읽히고 일본어의 'の'에 해당하는 말입니다. 그래서 둘이 합쳐진 意柴는 '오시'라고 읽히고 뜻은 '큰'으로 沙加宮을 형용하는 말입니다. 곧 '大沙加宮'이 됩니다. '오시사카'에서 현재의 오사카[大阪]라는 이름이 생겼습니다. '사카'궁이라고 하니 이나리야마[稲荷山] 고분에서 출토된 쇠칼의 명문에 나온 '사귀斯鬼궁'이 생각나는데, 사귀斯鬼는 열도한어로 '시키'로 발음됩니다. 한국식으로든 일본식으로든 둘의 발음이 유사한 것은 이두식으로 읽을 수 있었기 때문이고, 이는 곧 같은 어머니한어에서 반도한어와 열도한어로 갈라졌다고 유추되는 예라고 하겠습니다. 시키[斯鬼]궁은 웅략천황의 세거지였습니다. 웅략천황과 무열천황은 부자지간이니까 같은 궁에서 살았다고 생각해도 되지 않을까요? 그래서 이 구절은 '남제왕이 대사카궁에 살았을 때'로 해석이 됩니다.

斯麻念長壽

사마斯麻는 무령왕릉의 묘지석에 적혀 있는 무령왕의 이름이고, '염장수念長壽'는 '장수를 빌었다'는 뜻이니, 이 구절은 '사마가 장수를 빌었다'가 됩니다. 461년생인 무령왕이 '장수'를 기원할 정도라면 두 사람의 나이 차가 꽤 된다는 말인데 무열천황은 그보다 몇 살이나 위였을까요? 『일본서기』에 나오는 무령왕 출생설화에 보면, 백제 25대 무령왕이 되는 사마가 461년에 태어났을 때 곤지에게는 이미 다섯 아들이 있었다고 했습니다. 무령왕의 출생연대는 461년으로, 그것은 1971년에 처녀분으로 발굴된 무령왕릉에서 출토된 묘지석에서도 확인이 되었습니다. 곤지의 아들들이 두 살 터울이었다고 가정해 보면 곤지의 둘째 아들인 말다와 사마의 나이 차이는 8살 정도가 되고, 세 살 터울로 잡아 보면 12살 정도가 될 것입니다. 연년생도 있었을 것이기 때문에 여러 가지 상황을 고려했을 때 대강 10살 정도는 차이가 나지 않았을까 싶습니다. 조선시대 왕들의 평균 수명이 46세라고 하는데 그보다 천 년 전인 5, 6세기에 쉰을 넘겼으니 엄청 나이 들었다고 여겼겠지요. 무령왕이 무열천황의 장수를 빌면서 이 인물화상경을 만들어 보낸 것에 공감이 갑니다.

開中費直

개중비직開中費直에서 開의 옛 소리는 '가', '가이'이고, 中의 이두식 훈독은 '해'입니다. '중'을 '해'라고 새기는 것이 이두 표기상의 약속으로, 해는 하늘 한가운데 떠서 만물을 밝히는 존재라 하여 '한가운데'를 의미하는 '중'을 '해'라 읽은 것 같습니다. 이렇게 하여 한자 開中은 이두로 '가해' 또는 '가이해'라 읽히는데, 또한 이 말은 '가는 자'라는 뜻으로 무쇠를 갈아 닦달해서 철기를 만드는 기술자를 가리키는 백제말이기도 합니다. 이 말은 나중에 카와치[河內]로 바뀌어 쓰입니다. 개중비직은 또한 개중직開中直 - 후에는 음독으로 소리가 비슷한 値으로도 쓰면서 '치'라고 발음했고 훈독으로는 '아타이'라고 했음 - 이라고 하여 흠명천황기에 나오는 하내직河內直과 같으며 백제의 관리로 임나에 주둔해 있었습니다. 하내직河內直의 할아버지는 487년 동성왕과 기생반숙녜가 맞붙은 대산성전투에서 동성왕에게 죽임을 당한 임나국, 곧 기문국의 수장으로 좌로나기타갑배이었습니다.

비직費直은 '비치'의 이두 표기로 '빛'을 뜻하는데 무쇠를 갈 때 나오는 빛과 관련이 되는 것으로 생각되며, 고대에는 제철 관련 첨단기술을 가진 사람이 우두머리가 되었으므로 임금이나 고위관리들의 이름에 붙어 있습니다. 백제, 신라를 통틀어 이 무렵에는 '빛'을 가리키는 '비치', '비처'라는 이름의 인물이 많았는데, 신라 소지마립간의 이름도 비처였습니다.

穢人今州利

예인금주리穢人今州利에서 예인穢人이란 예(穢 또는 濊라고도 썼음) 사람이라는 뜻입니다. 예는 고대 부족국가의 하나로 일찍이 중국 북동부에 터를 잡았다가 강원도 일대와 왜 등 동남방으로 진출한 무리였습니다. 우수한 철기 기술을 보유하고 있어 신라와 백제 등에 이주해 제철과 철기 제조 관계 일에 종사하는 이가 많았습니다. '예의 금주리'라고 하니까 금주리를 사람 이름으로 여기기 쉬운데, 고대에는 왕이나 왕족들 외에는 거의 이름을 가지고 있지 않았지요. 일반 백성이 이름을 가지게 된 것은 그리 오래되지 않습니다. 이두에서 '금'은 흔히 우리말 '그'로 사용되어 '금주리'는 '그주리' 또는 '그두리'라 읽힙니다. 따라서 '굳힐 이(굳히는 사람)'라는 뜻으로 사철을 불로 달구어 녹여서 불순물을 빼고 굳혀, 선철이나 강철을 만드는 고급 기술자를 가리키는 옛말입니다.

"癸未年八月日 十大王年 男弟王在意柴沙加宮時 斯痲念長寿 遣開中費直穢人今州利二人等 取白上同二百旱 作此竟"을 해석해 보면, '계미년인 503년 8월 여대왕 재위 10년 (여대왕)이 오사카성에 머물던 때, 무령왕이 임나국 수장인 개중비직과 예족 기술자 등 두 명을 보내 좋은 백동 이백 근을 써서 거울을 만들게 했다'가 되겠습니다.

포항 냉수리 신라비

백제를 떠나 일본열도로 되돌아가 무열천황으로 변신한 동성왕의 장수를 기원하여 무령왕이 503년에 구리거울을 만들어 보낸 것과 관련하여 생각해 볼 것이 포항 냉수리 신라비입니다. 그 이유는 포항 냉수리 신라비가 공교롭게도 같은 계미년 503년에 세워졌기 때문입니다. 무령왕이 임나의 제철 관련 관리와 예족인 강철제작 기술자에게 부탁하여 인물화상경을 제작한 것이 503년 8월이고, 포항 냉수리 신라비가 세워진 것은 503년 9월 25일이어서 필자로서는 그 두 사건의 연관성을 고려해 보지 않을 수가 없습니다.

231자 한자로 적혀 있지만 일부는 이두 표기로 되어 있어 해석을 하기가 어려운데, 돌에 새겨진 내용은 대강 이렇습니다.

국보 제264호, 포항 냉수리 신라비

출처: 문화재청, http://www.cha.go.kr/korea/heritage/search/Culresult_Db_View.jsp?VdkVgw
Key=11,02640000,37

사라(斯羅) - 신라의 옛 이름. 무쇠나라라는 뜻 - 의 사부지왕과 내지왕은 일찍이 진이마촌의 절거리의 증언을 토대로 그가 재물을 취하도록 명령하셨습니다. 계미년 9월 25일, 지도로갈문왕(지증마립간)을 비롯한 일곱 명의 어른들은 지난날 두 임금이 결정하신 대로 절거리가 재물을 몽땅 취하도록 명령하셨습니다. 또한 절거리가 죽은 후에는 그의 아들 사노가 재물을 취득하도록 하셨습니다. 한편 말추와 사신지 두 사람은 앞으로 이 재물에 대해 일절 언급하지 않도록 할 것이며, 만약 이를 어기면 중죄로 다스릴 것이라 말씀하셨습니다. 이 명을 받든 자 일곱 명은 임무를 마친 뒤 소를 잡고 널리 알린 뒤에 여기에 기록함을 엎드려 보고 드립니다.

당시 말추와 사신지는 어디서 살고 있었는지 몰라도 예전에 작업하던 곳으로 가서 작업을 했습니다. 그러자 '절거리'가 예전에 신라의 두 왕으로부터 허가를 받았다고 하면서 자기의 권리라고 주장을 하자 분쟁이 일어났습니다. 이에 대해 지증마립간인 지대로智大路 이하 6부의 촌장들은 절거리의 손을 들어 주면서 재발을 방지하는 엄한 규정을 새긴 돌을 세웠는데, 이 돌이 냉수리 신라비인 것입니다.

말추와 사신지가 혹시 스다하치만 인물화상경 명문에서 언급된 '개중비직'과 '금주리'가 아닐까요? 무령왕의 명을 받은 그들은 예전에 작업하던 포항의 영일만 근처 신광면 냉수리로 가서 작업을 했고, 냉수리 신라비에서는 '말추'와 '사신지'로 기록된 것이 아닐까요? 인터넷판 《포스코신문》에서 [포스코 기획] 이영희 교수가 쓴 무쇠의 역사 '영일 냉수리 신라비'라는 기사를 읽고 말추와 사신지 또한 이름이 아니라 제철 관련 기술자를 가리키는 말임을 알았기 때문입니다.

제작을 끝내고 더 이상 발붙일 곳이 없게 된 말추와 사신지는 일본열도로 이주해 갔습니다. 그런데 당시 일본열도에서는 철이 나지 않았고, 제철기술도 없었던 때라 이들은 엄청난 환영과 대접을 받았습니다. 이렇게 하여 일본열도에서도 철을 사용한 물품이 만들어지기 시작한 것입니다. 포항에 포항제철소가 세워진 것이 그냥 세워진 것이 아니네요. 우리가 알았든 몰랐든 역사는 이렇게 우리의 현재에 살아 있습니다.

5장

반파국 가실대왕 시대
(506년~516년)

1. 506년

『일본서기』에서 죽는 무열천황

무열천황은 『일본서기』에서 506년 겨울 12월에 죽었다고 나오는데, 나이가 18세니 57세니 혹은 61세니 해서 여러 설이 있습니다.

김성호 님은 『동국여지승람』 권32 함안군 건치연혁조에 함안이 "본래 아시량국 일명 아라가야로 신라 법흥왕이 멸한 땅"이라고 쓰여진 것을 보고, 신라가 법흥왕 때는 아직 낙동강 서쪽의 함안으로 진출하지 않았으니 백제의 동성왕이 백가에게 찔린 후에 백제에서 서남해안을 우회하여 마산에 상륙해서 아시량국(함안)에 머물다가 창원 양산 울산을 거쳐 경주로 갔다고 하면서 『수서』 권81 신라전에 나오는 "백제인으로 신라왕이 된 사람"은 법흥왕이라고 보고 있습니다. 필자도 동성왕, 곧 무열천황이 최종적으로는 법흥왕으로 변신했다고 믿기 때문에 백제의 동성왕이 신라의 법흥왕이 되었다는 점에서는 김성호 님과 생각이 같습니다.

하지만 필자는 일단 자기 고향인 일본열도로 되돌아가서 몇 년간 무열천황으로 있다가 506년에 다시 한반도로 왔다고 보기 때문에

501년 백가의 살해 시도 이후 백제를 떠난 동성왕이 곧바로 경주로 갔다는 김성호 님의 주장에는 동의하지 않습니다. 또한 경주로 가는 과정에서 아시량국(함안)을 쳤다고 보는 점도 일본열도에서 한반도로 오는 과정에서 함안을 쳤다고 보는 필자의 견해와 다릅니다. 함안 혹은 마산 지역은 일본열도와 한반도를 최단거리로 오고 가는 곳이기 때문에 그렇습니다. 그래서 "신라 법흥왕이 멸한 땅"이라는 것은 그가 후에 신라의 법흥왕이 되었기 때문에 법흥왕이 되기 전의 일을 소급해서 말한 것으로 해석됩니다.

반파국으로 되돌아온 무열천황, 곧 동성왕

필자는 고령읍에 있는 망산성의 이름에서 『일본서기』에서 506년에 죽었다는 무열천황, 곧 동성왕이 다시 돌아왔음을 감지할 수 있었습니다. 고령 읍내의 망산성은 신라군의 침입에 대비하여 쌓았다고 전해 오는 대가야 최후의 방어성으로 알려져 있는데 이 성을 예전에는 어라성이라는 이름으로 불렀다고 합니다. 고령은 그가 5세기 후반 처음 일본열도에서 한반도로 건너왔을 때 그의 나라인 가라국이 있었던 곳이므로 그는 자기 나라로 다시 돌아온 것입니다. '어라'라는 말은 백제에서 왕을 일컫는 '어라하'에서 온 말로서, 성주풀이에 조금 변형되어 쓰이고 있는 '에라'가 바로 그것으로, 지금도 살아 있습니다. '에루화'라는 말로도 쓰이지요.

가실왕과 하지왕은 동일인물

『일본서기』에서 506년에 죽었다는 무열천황은 한반도로 돌아와 어디서 무엇을 하고 있었을까요? 고령읍에 있는 망산성의 옛 이름이 어라성이라는 점을 통해 그가 고령으로 돌아온 것을 짐작할 수 있었지만, 별 뚜렷한 단서가 없는 가운데, 512년 무렵에 지금은 대가야로 알려진 반파국에 가실왕이라는 왕이 부각되는 것을 보고 이 가실왕이 그가 아닐까 하는 생각이 들었습니다. 저보다 먼저 몇몇 연구자들이 가실왕嘉悉王-嘉實王과 하지왕荷知王을 동일인물로 보고 있는 것을 알고 많은 자신감을 얻었습니다.

한국식 한자 읽기를 해서는 절대로 가실왕과 하지왕이 같은 이름이 될 수가 없지만, 실은 가실과 하지는 발음이 같습니다. 우리의 한자 읽기는 세종대왕 이후 한자 발음이 정립되기 시작했다는 점과 당시 가야말이 열도한어로서 현 일본어의 기저를 이루고 있다는 점에 착안하여 일본식 한자 읽기를 해 보니 드디어 뭔가 얻을 수 있었습니다. 『신찬성씨록』에서는 가실왕이 賀實왕으로 적혀 나옵니다. '가실왕嘉悉王/嘉實王/賀實王'에서의 '가실嘉悉/嘉實/賀實'은 한국식 한자 읽기로는 '가실'이고, 일본식 한자 읽기로는 '가시츠/가지츠'인데 고대에는 격음이 드물었고, 받침이 쉽게 탈락되었으며 끝소리는 생략되어 쓰였으므로 '가시/가지'가 됩니다. 荷知왕에서의 荷知를 한국식으로 한자 읽기 해보면 '하지'입니다. 한국어와 일본어에서 'ㅎ'과 'ㄱ'이 서로 통함은 다른 단어를 통해서도 알 수 있습니다. 예를 들어 祝賀나 年賀狀와 같은 한자로 이루어진 낱말에서의 '賀'가 한국어로는 '하', 일본어로는 '가'라고 발음되지요.

결국 '嘉悉', '嘉實', '賀實', '荷知'는 한자는 달라도 의미하는 것이 같다는 말이 됩니다. '가실'과 '하지'는 왕호를 의미하는 고유명사인 동시에 당시 최첨단 기술을 보유한 철기를 다루는 최고통치자, 즉 왕을 일컫는 말인 보통명사인 것입니다. 이와 관련해서 현재의 일본어에 카지[鍛冶]라는 단어가 있는데, 이는 대장장이를 의미합니다.

반파국은 본파국

한반도에 다시 발을 디딘 모대는 낙동강을 타고 내륙으로 올라가 성주 땅의 반파국의 가실왕으로 우리 역사에 다시 등장합니다. 필자가 반파국의 소재지를 성주라고 말할 수 있는 것은 지난 2002년 11월 함안의 성산산성에서 나온 목간에서 힌트를 얻었기 때문입니다.

당시 국내 최대 최고의 목간 65점이 쏟아졌는데, 목간에 나타난 지명들이 다 낙동강 유역에 있는 곳으로, 구벌仇伐은 경북 안동, 급벌及伐은 영주, 하기下鐖는 예천, 감문甘文은 김천, 본파本波는 성주, 고야는 합천 대야성으로 추정됩니다. 목간에 나오는 '본파'는 '반파'와 일단 발음이 비슷합니다. '반파'의 음은 '븐바'와 통하고, '븐바'는 '본피本彼'와 통합니다. 그래서 '성주를 본피부本彼部로 보고, 성주와 고령을 하나로 묶어 모두 본피부로 파악하는 동시에 본피부의 다른 표기가 반파국' 이란 의견에 일리가 있다고 생각되어 성주로 추정되는 본파가 반파국이라고 봅니다.

가실대왕

대가야 유물로 항아리 뚜껑과 몸통의 바깥쪽에 '대왕大王'이라는 글자가 새겨진 목이 긴 항아리가 있습니다. 대왕명 장경호라고도 불리는 이 항아리는 5세기 후엽의 고령이나 합천에서 출토된 대가야 양

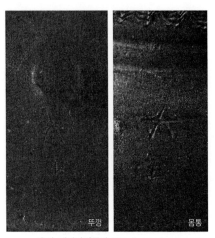

'대왕'새김 뚜껑있는 긴목항아리　　　　　　　출처: 대가야박물관, http://www.daegaya.net

'하부'새김 항아리('하부사리리下部思利利'가 새겨진 의례용 토기)　　출처: 대가야박물관, http://www.daegaya.net

식의 토기와 그 모양이 흡사하기 때문에 '대왕'이란 대가야의 왕을 가
리킨다고 여겨질 뿐 그 외에 알려진 바는 없습니다. '하부사리리下部
思利利'가 새겨진 토기도 출토되었습니다. 이것을 통해 『잃어버린 왕국

대가야』에서 김세기 님이 한 말대로 "대가야는 400년대 후반부터 강력한 왕권을 중심으로 하부에 지방관을 파견하는 등 지배체제를 확립"했고, "우륵 12곡이라는 예악과 건국신화 체계를 갖추고 통치이념으로 불교를 수용하는 등 엄연한 고대국가"였다는 것을 알 수 있습니다.

필자로서는 5세기 후엽의 왕이라면 하지왕을 들 수가 있고, 그 하지왕은 『일본서기』에서 506년에 죽었다고 나오는 무열천황과 동일인물이므로 가실왕은 무열천황이 변신한 것이라고 추정합니다. 생각해보니 그의 아버지인 웅략천황에게 '천왕', 또는 '대왕'이라는 말이 사용되었는데 그것은 일본역사에서는 최초로 천왕 또는 대왕의 칭호를 사용한 것입니다. 그 아버지에 그 아들이라고 할까요. 웅략천황의 아들인 그 또한 '대왕'이었습니다. 백제 무령왕이 남제왕에게 503년 계미년에 보낸 청동거울의 명문에도 '십대왕년十大王年'이라고 하여 남제왕, 곧 무열천황을 '대왕'으로 부르고 있지요.

가실왕은 여수, 하동, 광양 등의 남해안 일부와 섬진강을 타고 쉽게 금강 유역으로 닿을 수 있는 남원, 임실, 장수 등의 내륙지방을 정복하여 성을 쌓고 봉수대를 만들었습니다. 이 지역들은 거의 다 전라도 지역으로 성주, 고령 등이 속한 그의 나라 말과는 많이 달랐을 것입니다. 말이 달라 소통이 잘 되지 않자, 그는 아버지인 웅략천황이 『만엽집』권1 1번가로 그랬듯이 소국 및 종족을 하나로 아우르는 작업에 돌입했습니다. 『삼국사기』악지에 "왕王이 이르기를 제국諸國의 방언도 각기 다른데, 성음이 어찌 한결 같으랴"라고 나옵니다. 우륵에게 12곡을 짓게 한 것입니다. 국가 통치차원에서 보통 음악을 이용하려는 것은 작금의 통치자들이 하는 방식으로, 조선시대 세종대왕이 그랬고, 근세에 들어서는 소련의 스탈린이 그랬습니다. 이렇게 각기 다른 여러 나라의 방언을 노래를 통해 일체화하여 일체감을 조성할 수 있는 역량을 가진 왕은 '대왕'이라고 불린 가실왕 외에는 생각할 수 없습니다.

기악곡명으로 여겨지는 보기와 사자기는 빼고, 제목으로 나오는 상가라도, 하가라도, 보기, 달이, 사물, 물혜, 상기물, 하기물, 사자기, 거열, 사팔혜, 이혁(또는 이사) 등은 소국의 이름이기도 하므로 위치 비정을 해 보면 '상가라도'는 고령, '하가라도'는 김해, '달이'는 의성군 다인면, '사물'은 사천, '물혜'는 고성군 상리면, '상기물'은 장수군 번암면, '하기물'은 남원시 운봉읍, '거열'은 거창, '사팔혜'는 합천군 초계면, '이혁(또는 이사)'는 의령군 부림면이 되겠습니다. 우륵의 12곡의 제목을 보면 그의 세력이 어디까지 미쳤는지 가늠할 수가 있으며, 500년대 초 대가야의 군사력과 세력권의 면모를 알 수가 있습니다.

김현구 님은『일본서기 한국관계기사 연구(II)』에서 "현재까지 알려진 자료에 의하면 백제 지역에서 가야계 토기의 출토는 매우 빈약하다. 반면 가야 지역에서 백제의 토기의 출토는 상대적으로 많은 경향을 보이고 있다"고 하고, "백제와 가야의 교류는 특히 5세기 후반에서 6세기 전반경에 급격하게 증가하는 양상을 보이며, 출토된 고고자료의 분포 양상으로 보아 백제에서 가야로의 영향이 강하였음을 시사하고 있다"고 하면서 "백제와 가야간의 정치 군사적 관계의 변동을 반영하는 것으로 해석할 수도 있을 것"이라고 말하고 있는 것은 백제의 동성왕이 왜의 무열천황을 거쳐 다시 한반도의 대가야의 가실왕

이 되었다고 하는 필자의 가설을 크게 뒷받침해 주는 것이라고 하겠
습니다.

2. 512년

필자는 『일본서기』에서 506년에 죽은 무열천황이 죽지 않고 한반도로 와 가실대왕을 거쳐 최종적으로는 신라의 법흥왕으로 변신했다고 보고 있습니다. 그렇다면 그는 법흥왕이 되는 514년 - 『삼국사기』 연표에 의한 것이고, 필자는 516년으로 보고 있음 - 까지 한반도 어디에선가 무엇인가 하고 있었을 텐데 그의 행적을 찾기가 아주 어려웠습니다. 그러다가 백제본기와 『일본서기』의 512년에 해당하는 각각의 기사를 통하여 그가 한반도로 돌아왔음을 눈치챘습니다.

위천의 북쪽 전투에서 고구려를 대파시킨 백제왕

백제본기에서 512년에 해당하는 무령왕 12년조를 보면 여름 4월에 사신을 양나라에 보내어 조공하였고 가을 9월에는 고구려가 가불성과 원산성을 깨뜨려서 왕이 위천의 북쪽에서 싸워 대파시켰다고 합니다. 무령왕기는 원년부터 고구려와 치고받는 군사적 활동이 많이 나오는데, 수곡성, 마수책, 고목성, 장령성, 한성, 횡악 등 충청지역의 지명이 아닌 거의 다 한강 이북의 지명이 나오더니, 양나라에 사신을 보낸 512년의 가을 9월의 전투에서는 가불성, 원산성 그리고 위천 등이 나옵니다.

고구려가 습격하여 약탈한 가불성은 충남 금산군 진산면에, 다시 군사를 옮겨서 깨부순 원산성은 경북 예천군 용궁면에 위치 비정이 되고 있습니다. 백제왕이 기병 3천을 거느리고 싸운 곳인 위천의 북쪽에 대해서는 별다른 연구가 되어 있지 않은데, 필자는 현재 대구광역시 달성군 논공읍 위천리의 북쪽으로 위치 비정을 하겠습니다. 위천리는 낙동강 건너편 고령군 성산면 강정리에 있는 봉화산 토성에서 훤히 내려다 보이는 곳입니다. 위천리는 당시 신라의 영토였는데 대가야는 봉화산 토성에 진을 치고 신라를 견제하고 있었습니다. 이렇게 위치 비정을 해 보면 이 세 장소는 결코 한강 지역의 지명이 아니라 대가야 고령 지역에서 그리 멀지 않은 지명들임을 알 수 있습니다. 그래서 이때의 백제왕이 바로 돌아온 무열천황, 곧 동성왕이라고 보는 것입니다. 512년 이후에는 한성, 한북, 쌍현성 등 한강 유역의 지명이 다시 보입니다.

기병과 관련해서는『일본서기』에서 512년에 해당하는 계체천황 6년의 여름 4월조에 츠쿠시[筑紫]국의 말 40필을 보냈다고 나오는데, 츠쿠시국의 말 40필을 지원을 받은 것도 무령왕이 아니라 그였습니다. 츠쿠시국은 숭신천황 이래로 아버지 웅략천황의 기반이 되었던 곳이었고, 그가 백제의 동성왕이 되기 위해 한반도로 가기 전에 머물렀던 곳이었으며, 무열천황으로 있었을 때에는 그의 통치권 내에 있었던 곳이었습니다.

말이란 바로 군대 군사 전쟁과 직결되는 것으로, 얼마나 귀했는지 단적으로 말해 주는 기사가 백제본기 근초고왕 24년 즉 369년 9월조

근구수왕 즉위 전기에 "고구려 군인이던 사기斯紀는 본시 백제사람으로 잘못하여 국가용으로 쓰이던 말의 발굽을 상하게 하자 처벌을 받을까 두려워서 고구려로 도망쳤다는데…"라고 나옵니다. 그리고 고려 시대와 조선 시대의 말 가격이 노비 가격의 약 세 배 정도인 것을 감안하면 감히 말을 요청할 수 있었던 사람은 왜왕이었던 무열천황, 곧 동성왕이라고 하겠습니다. 말을 지원 받아 그해 가을 9월에 기병 3천을 거느리고 위천의 북쪽에서 고구려군을 대파시켰는데, 이곳은 한강 지역이 아닌 반파국에서 가까운 곳이었습니다.

양나라에 송사하여 사마를 백제왕으로 책봉 받게 하다

사신을 양나라에 보낸 것과 관련해서는 512년에 해당하는 계체천황 6년 여름 4월조에 수적신압산穗積臣押山을 백제에 사신으로 보냈다는 기사가 나옵니다. 계체천황기에 적혀 있으니 보낸 주체가 계체천황이라고 생각할 텐데, 앞에서도 말했듯이 당시 일본열도는 천황이 없는 천황 공위 시대였으므로 계체천황이 보냈다고 보기는 어렵고, 국정을 맡고 있던 오-토모노오-무라지카네무라[大伴大連金村]가 보낸 것입니다. 여름 4월이면 백제가 양나라에 조공한 시기와 같아서 돌아온 무열천황, 곧 동성왕이 명을 내렸고, 명을 받은 오토모노오-무라지카네무라가 수적신압산을 백제로 보냈고, 동성왕은 양나라에 조공을 한 것입니다. 백제를 사마에게 맡기고 일본열도로 되돌아간 모대는 한강 이북에서의 사마의 활약 덕에 10여 년간 고구려와 티격태격하면서도 군사적으로 밀리지는 않게 되자 다시 강한 나라가 되어 우호를 트게 되었다고 하면서 양나라에 조공하여 사마가 정식으로 백제왕으로 인정받도록 도와준 것입니다.

당시 중국 남조로 가는 항로는 서해의 해안선을 따라 올라가 서해를 건너 산동반도에 정박했다가 다시 해안선을 따라 남쪽으로 내려가 양쯔강 하구를 통해 난징[南京]으로 진입하는 것이 거의 통상적인 항로였습니다. 전 도쿄대학 교수인 키로 야스히코[木宮泰彦] 님에 의하면 수나라 때까지 이 한 가지 루트만 이용하다가 항해술이 발달한 당대부터는 한반도 남해안에서 양쯔강 하구로 가는 직항로를 비롯해 4개 루트를 뚫었다고 합니다. 그런데 통상적인 연안항로가 당시에는 고구려 수군에 의해 막혀 있었는데 어떻게 무령왕 대에 와서 중국대륙의 남조 양나라로 갈 수 있었는지 자못 의아했습니다. 이것은 돌아온 무열천황, 곧 동성왕이라면 가능한 일입니다. 동성왕은 재위 시 몇 번 남조에 사신을 보낸 적이 있었고, 특히 『양서』에서 천감 원년, 즉 502년에 이전보다 한 등급 위의 작위인 정동대장군을 제수받은 모대가 바로 무열천황이었기 때문입니다.

백제본기에 의하면 백제는 512년에 중국대륙의 양나라에 사신을 보냈고, 거의 10년 후인 521년에도 보냈습니다. 512년에는 사신을 보냈다는 것만 나올 뿐 관직을 제수받았다는 말은 없습니다. 521년 겨울 11월에 또 사신을 보냈을 때는 그해 겨울 12월에 고조가 행도독백제제군사진동대장군 백제왕 여융에게 사지절도독백제제군사영동대장군을 제수했습니다. 이로써 521년 겨울 12월에 진급되었음을 알 수 있을 뿐 아니라, 512년에 행도독백제제군사진동대장군 백제왕을 제수받았음을 짐작할 수 있습니다. 그러니까 『삼국사기』에서 무령왕기가 501년부터 시작하지만 무령왕이 정식으로 백제왕이 된 것은

512년인 것입니다. 그리고 백제본기에서 512년에 해당하는 무령왕 12년조에서 양나라에 사신을 보냈다고 나오는 것은 바로 한반도로 다시 온 무열천황, 곧 동성왕이 양나라에 송사하여 사마를 백제왕으로 책봉받게 한 것을 말하는 것입니다

지난 487년에 삼한왕이 되겠다고 설레발을 치던 기생반숙녜를 깨부순 그는 자신의 영토가 된 임나에 백제 관리를 두었다든지 왕 같은 재지수장을 허용한 것 같지는 않습니다. 백제본기 무령왕 10년 봄 정월조에서 "내외의 놀고 먹는 자를 몰아서 농사터로 돌려보냈다"고 나오고, 『일본서기』 계체천황 3년 봄 2월조에서는 "임나의 일본현읍에 있는 백제의 백성 중 도망해 온 자와 호적이 끊어진 지 3, 4대 되는 자를 찾아내어 백제에 옮겨 호적에 올리게 하였다"고 나오는 데서 알 수 있듯이 그는 임나 땅에 살고 있는 백제 백성을 백제로 돌려보내서 일단 고구려에 대항할 수 있는 백제를 만들려고 했습니다. 다 백제를 튼튼하게 만들어 놓기 위함이었습니다. 사마가 정식 백제왕으로 섰으니 자신은 백제에서 완전히 손을 뗄 작정이었습니다. 무령왕 10년은 510년이고 계체천황 3년은 509년으로 약간 시대적 차이가 나지만 거의 같은 때로 봐도 상관이 없겠습니다. 이듬해인 513년 6월에 백제가 왜에게 반파국이 자신들의 땅인 기문 땅을 빼앗았다고 호소하는 것을 보면 그는 백제에서 손을 떼고 반파국의 가실왕으로서의 독자적인 행동을 취하고 있음을 알 수 있습니다.

임나 4현 할양을 요청

512년에 백제가 임나 4현의 할양을 요구했다는 기사는 『삼국사기』

에는 나오지 않고, 『일본서기』 계체천황 6년 12월조에 나옵니다. 이것은 돌아온 무열천황, 곧 동성왕 모대가 중국 남조 양나라에 사신을 보내 사마를 백제왕으로 제수받게 한 후입니다. 이 기사에 대해 야마토 정권의 임나 지배를 전제로 하고 있으며, 임나 4현의 위치가 충청도 남부에서 전라도 남부 혹은 경상도의 일부 지역까지 다양하게 비정되고 있으므로 이 기사는 역사적 사실이라고는 할 수 없다는 견해가 있는 것을 보고, '야마토 정권의 임나 지배를 전제'로 한 내용이라면 그 중심인물은 누굴까 생각해 보았는데, 떠오르는 인물은 무열천황 외에는 없었습니다.

그는 무열천황으로 변신하기 전 487년에 동성왕으로서 삼한의 왕이 되겠다고 날뛰던 기생반숙녜와 싸워 이겼는데, 그때 기생반숙녜에게 협조적이던 임나의 좌로나기타갑배左-佐魯那奇他甲背를 죽인 적이 있습니다. 임나의 좌로나기타갑배를 기문국의 수장으로 보는 연민수 님의 의견에 따르면 임나는 기문국이 됩니다.

백제가 사신을 보내 조를 올렸고, 따로 표를 올려 임나국의 상上다리, 하下다리, 사타, 모루 등의 4현을 요청했다고 합니다. 임나 4현은 일반적으로는 전라도 지방에 비정되고 있지만, 그렇다면 돌아온 무열천황, 곧 동성왕이 구태여 자기 자신의 영역에 대해 조를 올리고 표까지 올릴 필요가 있었을까 생각되어 김성호 님의 주장이 더 합리적으로 생각됩니다. 김성호 님은 본인의 저서인 『씨성으로 본 한일민족의 기원』에서 낙동강 양쪽 하안의 소국인 나라들로 보고 '상上다리', '하下다리', '사타', '모루'는 각각 지금의 부산 사상구 엄궁동, 하단동, 모라동, 그리고 모라동의 강 반대편에 있는 지역으로 옛 지명이 사덕

리였던 곳으로 비정하고 있습니다.

상다리, 하다리가 언급이 되니 백제에 사신으로 간 수적신압산에 대해 말씀드려야겠습니다. 그는 계체천황 6년 여름 4월조에 처음 등장하여 6년 겨울 12월조에는 다리국수哆唎國守로 나오고, 7년 여름 6월조에서는 백제본기에서 倭-倭의 오시야마기미[意斯移麻岐彌]라고 나온다고 하고, 23년 봄 3월조에서는 하下다리국수로 나오는 인물입니다. '오시야마'를 한자로 바꾸면 압산押山이 되고, 기미岐彌는 일본어로는 '키미'라고 하여 '수장, 왕'을 의미하니까 앞에 나온 '다라국수'나 '하下다리국수'의 '국수國守'와 통합니다. 이 '왜'는 일본열도가 아니라 한반도의 남부지역을 가리키는 왜입니다.

이 임나4현의 할양에 대해 오-토모노오-무라지카네무라와 수적신압산이 백제의 뇌물을 받았다는 소문이 떠돌았습니다. 오-토모노오-무라지카네무라[大伴大連金村]는 오-토모노카네무라오-무라지[大伴金村大連]이라고도 나옵니다. 그가 최종결정을 내린 것을 보면 당시 무열천황이 죽었다고 한 506년 이후 일본열도에는 천황이 없었음을 알 수 있습니다. 그의 아버지인 오-토모노무로야오-무라지[大伴室屋大連]는 웅략천황이 죽은 뒤 길비吉備세력인 성천星川황자가 반란을 일으키자 그를 죽이고 웅략천황의 3자인 청녕을 천황위에 올렸습니다. 그리고 오-토모노오-무라지카네무라는 인현천황 사후에 평군신진조平群臣眞鳥를 멸망시키고 무열천황을 즉위시켰습니다. 이렇게 오-토모노무로야오-무라지와 오-토모노카네무라오-무라지 부자는 청녕천황과 무열천황 형제를 도와 국정을 이끌어간 인물이지요.

비록 계체천황 때라고 나오지만 계체천황은 지증마립간으로 신라 땅에 있었기 때문에 506년 무열천황이 사라진 후에는 그가 국정을 담당하고 있는 상황이라 이런 결정을 한 것입니다. 계체천황이 다시 일본열도로 돌아오는 514년까지 일본열도에는 천황이 없는 천황 공위 시대였습니다. 앞에서도 설명이 되었듯이 그는 494년에 고구려 본기 문자명왕 때에 나타난 '부여왕'입니다. 그런 그가 일본열도로 가 계체천황으로 받아들여진 후 20년이 지난 514년에야 다시 들어왔다고 하니 계산을 해 보면 딱 맞습니다.

3. 513년 빼앗은 백제 땅 기문을 도로 빼앗기다

백제가 고구려와 대항할 정도로 강한 나라가 되었다고 판단한 돌아온 무열천황, 곧 동성왕은 512년에 중국 남조 양나라에 조공하여 사마를 백제왕으로 만들어 놓았습니다. 그리고 일단 백제와는 선을 긋고 지금은 대가야로 알려진 반파국으로 돌아갔습니다. '돌아갔다'고 말하는 이유는 반파국이 5세기 후반에는 『남제서』에 가라국이라고 나왔던 그 나라인데, 그때 그는 하지왕이었기 때문입니다. 『일본서기』에서 506년에 죽었다고 나오는 무열천황은 실은 한반도 옛 자신의 나라로 되돌아간 것입니다.

513년에 해당하는 계체천황 7년 여름 6월조와 겨울 11월조를 보면 반파국이 백제의 땅인 기문을 빼앗았고, 언제인지는 알 수 없으나 대사도 빼앗았다가 백제에게 되돌려 주었음을 알 수 있습니다.

7년 夏 6월, 백제는 저미姐彌(백제의 복성, 삼국사기의 祖彌)문귀文貴장군과 주리즉이州利卽爾장군을 보내 수적신압산(백제본기에는 倭(왜)의 오시야마기미意斯移麻岐彌라 하였다)에 따라서 오경박사 단양이를 보냈다. 따로 주하여 "반파국이 신의 나라인 기문의 땅을 빼앗았습니다. 아무쪼록 천은을 내려 판단하여 본국으로 되돌려주십시오"라고 말하였다.

冬 11월 辛亥朔 乙卯(5일), 조정에서 백제의 저미문귀姐彌文貴장군, 사라(신라) 의 문득지汶得至, 안라(함안)의 신기계(또는 신이해)辛已奚 및 분파위좌賁巴委 佐, 반파의 기전계(또는 기전해)旣殿奚 및 죽문지竹汶至 등을 나란히 세우고 은 칙을 내렸다. 기문, 대사를 백제국에 주었다. 이달에 반파국이 집지(또는 즙 지)戢支를 보내 진보珍寶를 바치고 기문의 땅을 달라고 하였다. 그러나 끝내 주지 않았다.

계체천황 7년 겨울 11월조에 명시되어 있는 나라는 백제, 사라, 안라 그리고 반파입니다. 백제는 당시 무령왕 때였고, 사라는 곧 신라로 지 증마립간 때였으며, 안라는 함안에 있었던 나라로 어느 왕 때인지는 알려진 바가 없으며, 반파는 고령 및 성주 지역에 있었던 나라로 가실 대왕 때였습니다. 여기서 드는 의문은 어째서 백제의 땅인 기문을 일 본열도의 왜왕인 계체천황이 주고 말고 할 수 있었는가 하는 것입니다. 필자의 주장대로 계체천황이 신라의 지증마립간이라면 가능하지요. 또한 계체천황은 그의 이름인 남대적에서 알 수 있듯이 부여왕 출신입 니다. 그래서 같은 부여족인 무령왕 손을 들어 주었다고 생각됩니다.

기문과 대사가 백제 땅임을 확실히 하는 자리에 이 네 나라를 불 렀다는 것은 이 네 나라가 직접적이든 간접적이든 기문과 대사에 관 련된다는 말이 되므로, 기문과 대사는 사라, 안라 그리고 반파와도 멀지 않은 곳이고, 또한 기문과 대사도 서로 떨어져 있지는 않은 것 으로 생각됩니다.

4. 514년

계체천황과의 3월 전투에서 이기다

반파국은 계체천황에게 진기한 보물을 바쳐가며 기문을 돌려받고자 했으나 거절당했습니다. 그러자 전쟁을 해서라도 기문을 찾겠다고 하여 514년 3월에 주로 경상남도와 경상북도 여기저기에 성을 쌓는데, 그에 대한 기사가 계체천황 8년 3월조에 나옵니다.

반파는 자탄子吞 대사帶沙에 성을 쌓아 만해満奚에 연결하고, 봉화를 올리는 곳과 식량을 두는 창고를 만들어 일본에 대비하였다. "또 이열비爾列比, 마수비麻須比에 성을 쌓고, 마차해麻且奚, 추봉推封에 연결하였다. 사졸과 무기를 모아서, 신라를 공박하였다. 자녀를 약취하고, 촌읍을 약탈하였다. 흉적이 가는 곳에 남은 것이 드물었다. 포학 사치하고, 괴롭히고 침략하고 살상이 많았다. 이루 다 기재할 수가 없었다.

자탄은 경상남도 진주에 비정됩니다. 대사는 일반적으로 경남 하동군에 위치비정되고 있지만, 필자는 대구광역시 달성군이라고 주장하고자 합니다. 이것에 대해서는 조금 후에 밝히기로 하고 일단 넘어가겠습니다. 만해는 '마리'에 '해'를 붙인 것이라고 하면서 경남 함양군 안의면의 옛 이름이라고 합니다. 이열비는 경남 의령군 부림면이라는 설, 경북 경산시 자인면이라는 설, 그리고 달성군 현풍면의 옛이름인 삼량화三良火라는 설이 있습니다. 마수비는 경남 합천군 삼가면이라는 설, 창녕군 영산면이라는 설, 그리고 경산군 자인의 옛 이름인 노사화奴斯火라는 설이 있습니다. 마차해는 경남 밀양시 삼랑진읍이라는 설과 자인과 추봉 간의 한 지점으로 청도군 남성현이라는 설이 있습니다. 그리고 추봉은 밀양의 옛 이름인 추화推火로 밀양시에 위치 비정되고 있습니다.

보시다시피 위치 비정해서 나오는 지명은 거의 다 낙동강에서 가까운 곳들입니다. 그래서 보류해 둔 대사 또한 낙동강 가까이에서 찾아야 하지 않나 싶어서 하동군보다는 달성군 다사읍으로 위치 비정을 하고자 합니다. 다사읍은 신라시대 다사지현多斯只縣에서 유래한다고 합니다. 대사라고 하지만 滯沙 또는 帶沙로 적혀 나오므로 한국식 한자 읽기로는 '체사' 또는 '대사', 일본식 한자 읽기로는 '타이사(샤)'가 됩니다. 일본식 발음에서 '타'가 약해지고 '이'가 생략되면 나오는 소리는 '다사'와 비슷합니다.

엄청 거칠게 싸움을 하는 것을 보면 기문이 반파에게는 아주 중요한 곳인 듯합니다. 그렇다면 기문이 어디인지 알아볼 필요가 있겠습니다. 513년 6월에 백제가 계체천황에게 기문을 돌려받고 싶다는 요청을 했으니 반파국이 기문을 차지한 것은 그 이전으로 보입니다. 513년 6월 이전이라고 하니 '왕은 용감한 기병 3,000명을 거느리고 위천의 북쪽에서 싸워 이겼다'는 512년의 전투가 생각나는데, 필자는 여기서 언급되는 '왕'을 돌아온 무열천황, 곧 동성왕으로 봅니다. 그러

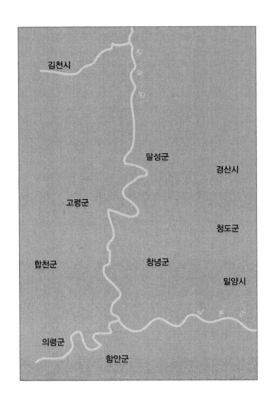

면 우선 위천이 어디인지 알아보겠습니다. 위천을 검색해 보면 경상
북도 군위군, 경상남도 함양군과 거창군 총 세 곳에 위천이라는 지역
이 있습니다. 이 세 곳 중에서 512년에 고구려군이 습격한 가불성과
원산성의 위치를 고려해 볼 때 돌아온 동성왕은 군위군에 있는 위천
의 북쪽에서 싸운 것이 타당한 것으로 생각됩니다.

　대사가 달성군 다사읍으로 위치 비정이 되므로 기문의 위치 또한
이 가까이에서 찾아야 하는데, 이 점에서 '기문을 김천시로 위치 비
정'하는 의견은 충분히 일리가 있다고 생각됩니다. 김천에는 김천을
관류하는 강인 감천甘川이 있는데, 우리말 '감'은 '가미/거미/거무'라고

소리나고 여러 뜻을 가지고 있습니다. 천은 '내/나리/나루' 등의 소리를 가지고 있어서 감천은 '감내'가 되고 '거무내'가 되는데 점차 소리가 변하여 '기문'이 되었고, 한자로는 己汶으로 적혔을 것으로 생각됩니다.

낙동강을 사이에 두고 반파국과 신라는 서로 견제하고 있었습니다. 반파국의 영역인 고령에서 낙동강을 타고 북쪽으로 올라가면 대사이고, 거기서 좀 더 올라가 감천을 타면 김천입니다. 김천에서 조금 더 서쪽으로 가면 금강 상류 지역이라 백제로도 갈 수 있습니다. 이전에 백제의 왕이었던 그는 낙동강과 금강을 통해 자유자재로 이동할 수 있는 지금의 고속도로와 같은 물길을 확보하려고 한 것이지요. 계체천황 9년 봄 2월조에는 일본열도에서 백제로 귀국하는 백제의 문귀장군이 대사에서의 반파국의 저항이 하도 거센 것을 알고 신라를 경유했다는 기사가 나오는 것만 보더라도 대사가 낙동강 유역에 있어야 하는 것입니다. 그리고 또 기문과 대사를 백제에 돌려주기 위해 관련된 나라의 사람들을 불러 모았을 때의 한 나라였던 안라, 곧 함안도 낙동강에 접해 있습니다.

반파국이 여기저기 성을 쌓아 대비를 하려면 땅 문제로 싸우고 있는 백제에 대비하는 것이 맞을 텐데 왜 일본에 대비했을까 하는 의문이 듭니다. 그것은 바로 계체천황에 맞섰기 때문입니다. 514년 3월 전투는 가실대왕과 계체천황의 싸움이었습니다. 성을 쌓고 봉수대와 식량고를 지어 일본과의 전투에 대비하였다는 기사에 이어 신라를 쳤다고 하고, 그러면서 반파국을 엄청나게 난폭하고 잔인하게 묘사하는 반면 신라 편을 드는 듯한 인상을 풍기고 있는 데서는 필자의 주장대로 계체천황이 신라의 지증마립간과 동일인물임을 느낄 수 있었습니다.

아라가야 정벌

이 514년 3월 전투를 계기로 하여 신라왕 지증마립간은 한반도를 떠나 일본열도로 가서 왜의 계체천황으로 정주하게 됩니다. 지증마립간 15년조에서는 그가 죽었다고 나오지만, 그것은 신라본기에 나오는 연대로, 신라왕으로서는 죽었지만 왜왕 계체천황으로 좀 더 살다가 죽습니다.

15년 봄 정월에 아시촌阿尸村에 소경小京을 설치하고, 가을 7월에 6부 및 남쪽 지방의 인구를 옮기어 호戶를 충실하게 하였다. 왕이 돌아가니 시호諡號를 지증智證이라 하였다. 신라의 시법諡法이 이에서 비롯되었다.

신라가 언제 아라가야를 무너뜨렸으며, 언제 소경을 설치했냐 하는 것으로 이견이 많은 기사입니다. 아시촌은 아라가야로 함안 지역을 가리키는데, 『일본서기』에서는 안라로 나옵니다. 514년은 지증마립간이 죽고 법흥왕이 들어서는 때와 겹치는 시기이어서 지증마립간 때인지 법흥왕 때인지 애매합니다. 일단 지증마립간 15년조에 나오고, 소경 설치가 먼저 나오고 왕이 죽은 것이 그다음에 나오므로 지증마립간 때라고 보는 견해가 있는가 하면, 『삼국사기』 잡지 제3 지리1 신라에서는 "함안군은 법흥왕이 대군을 일으켜 아시량국(아나가야라고도 함)을 없애고 그 땅을 군으로 삼았는데…(후략)"라고 나오기 때문에 법흥왕 때라고 보는 견해도 있습니다.

반파국의 가실대왕이 계체천황(지증마립간)과 싸우다가 아라가야를 정벌하게 되었고, 후에 법흥왕이 되는 그가 소경으로 지정했기 때문에 연대를 확정 짓기가 까다로운 것 같습니다. 신채호 님은 "『삼국사기』 지리지에는 '法興王이 大兵으로 阿尸良國을 멸하다 --- 법흥왕이 대병으로 아시량국을 멸망시켰다'고 했는데, 먼저 임금이 돌아간 해를 새 임금의 원년으로 잘못 기록함은 『삼국사기』 여러 군데 보이는 일이라, 지증왕 15년 지증왕이 돌아간 해는 곧 법흥왕의 원년일 것이니, 안라가라가 법흥왕 원년에 망한 것이 아닌가?" 라고 하고 있는데, 필자로서는 맞다고도 할 수 있고, 틀렸다고도 할 수 있겠습니다. 맞다고 하는 이유는 안라가야가 지증마립간 15년인 서력 514년에 망했으며, 『삼국사기』 연표에 따라 514년이 법흥왕 원년이기 때문입니다. 틀렸다고 하는 이유는 필자는 법흥왕의 즉위를 『삼국사기』 연표와 달리 516년으로 보기 때문입니다. 이 무렵에 전투가 일어나 신라에서는 왕이 교체되었으므로 지증마립간 때인지 법흥왕 때인지 혼동이 되지만, 소경을 아시촌에 둔 것은 516년에 법흥왕이 되기 전의 반파국의 가실대왕의 활약상을 말하는 것이어서 『동국여지승람』에서도 "본래 아시량국은 일명 아라가야로 신라 법흥왕이 멸한 땅"이라고 말하고 있는 것입니다.

5. 515년 기문을 되찾지 못하고

필자는 반파국의 가실대왕 모대는 이후 신라의 법흥왕으로 변신했다고 믿는데, 514년에 신라 법흥왕이 된 것으로 나오는 『삼국사기』 연표와는 달리 515년에도 되돌려 받지 못한 기문을 찾기 위해 왜와 싸우고 있었습니다. '왜와 싸우고' 있었다고 하니 지대로는 더 이상 신라 지증마립간은 아니고 왜의 계체천황으로만 존재하고 있었습니다. 이때 계체천황의 나이는 팔십 상노인이었습니다. 500년 신라의 소지마립간을 무너뜨리고 지증마립간이 되었을 때 그는 이미 예순 넷이었으니까요.

계체천황이 기문과 대사를 백제 땅이라고 선언한 513년의 4국 모임에 백제 측 인사로 왜에 온 백제의 문귀장군이 515년에 귀국하게 됩니다. 515년에 해당하는 계체천황 9년 봄 2월조를 보면 그의 백제로의 귀국길에 모노노베노무라지[物部連]가 따라갑니다. 반파인이 왜에 원한을 품고 있다는 소문을 들은 모노노베노무라지는 수군 500명을 거느리고 대사강으로 직행했습니다. 대사강은 대사가 있는 지역의 강이므로 낙동강이 되겠습니다. 반파국은 군사를 일으켜 길길이 뛰면서 엄청 사납게 대사강에 머무고 있던 모노노베노무라지를 쳤고,

그러자 모노노베노무라지의 군사들은 문모라로 도망을 갔습니다. 그래서 문귀장군은 신라를 경유하여 귀국하게 되었는데, 이때 '신라를 경유'했다는 대목에서도 계체천황이 신라의 지중마립간이었다는 뉘앙스를 풍기고 있습니다. 그렇지만 516년에 해당하는 계체천황 10년 가을 9월조에 백제가 주리즉차州利卽次장군을 보내서 기문 땅을 준 것에 대해 감사해 했다고 나오는 것을 보면 반파국은 515년에 기문을 되찾지 못했음을 알 수 있습니다. 주리즉차장군은 513년에 해당하는 계체천황 7년 여름 6월조에 나오는 주리즉이州利卽爾장군과 동일인물로 취급되고 있습니다.

그가 그렇게까지 기문에 집착하는 이유는 무엇이었을까요? 외교통인 모대는 멀리 앞을 보고 움직였을 것입니다. 신라의 법흥왕이 된 그는 521년에 양나라에 조공을 하거든요.

6장

신라 법흥왕 시대

(516년~540년)

1. 516년 신라의 법흥왕이 되다

　법흥왕은 신라본기에서 지증마립간의 원자로서 순조롭게 지증마립간의 뒤를 이은 것으로 되어 있지만, 그는 사실 지증마립간의 아들이 아닙니다. 원자는 보통은 장남을 일컫긴 해도 고대사에서는 혈연관계가 아닌 단지 후계자를 가리키는 말이기 때문에 그렇습니다. 그리고, 또 지증마립간에서 법흥왕으로 바뀌었으니 왕호가 '마립간'에서 '왕'으로 바뀌었음을 알 수 있습니다. 왕호가 바뀌었다는 것은 중대한 일로, 왕조의 교체를 의미합니다.

　법흥왕기는 법흥왕 3년, 서력 516년부터 시작됩니다. 왕통이 순조롭게 이어졌다면 즉위 원년 기사부터 나오는 것이 순서일 텐데 이상한 기미가 느껴집니다. 법흥왕 3년 봄 정월조를 보면 "친히 신궁에 제사 지냈다. 용이 양산 우물 속에 나타났다"고 나옵니다. '용'이란 참위설적 해석에 따르면 잠룡의 의미로서의 찬탈자를 의미합니다. 이 '용'이 법흥왕기에 나와 있다고 해서 찬탈자가 법흥왕 때에 법흥왕을 쳐내기 위해 쿠데타를 일으켰다는 것이 아니라, 지증마립간을 쳐내고 새로운 권력자로 군림하기 시작한 인물을 의미하는 것입니다. 『삼국사기』 연표에서 지증마립간이 물러나고 그다음 왕인 법흥왕이 들어섰다고 나오므로, 그 '용'은 바로 법흥왕이며, 그것이 법흥왕 3년, 곧 서력 516년이라는 것입니다. 그래서 필자는 『삼국사기』 연표와는 다르게 법흥왕이 516년에 왕이 되었다고 보는 것입니다.

그리고, 양산이라고 하니 신라 6부 중 하나인 알천양산촌이 생각나고, 487년에 시조 박혁거세가 태어난 양산촌 나정에 신궁을 지은 소지마립간이 생각납니다. 소지마립간은 김 씨가 아니라 박 씨로, 박비처였지요. 500년에 소지마립간은 비록 역사에서는 사라졌어도 법흥왕을 의미하는 '용'이 양산에 나타났으므로 박비처는 자기 세력권이던 알천양산촌에 건재해 있었는지도 모르겠습니다.

478년의 박비처의 쿠데타를 도와서 그를 신라의 소지마립간으로 만든 것은 일본열도에서 건너온 가라국의 하지왕 말다였습니다. 그러니 이번에는 박비처가 그를 신라의 법흥왕이 되도록 도와준 것이 아닐까요? 어쩌면 이런 약속은 박비처가 신라의 소지마립간이 되었을 때 정해진 것이었는지도 모르겠습니다. 그때 모대는 국공으로 있었기 때문입니다. 국공이란 다음 왕 자리를 찜해 둔 후계자라는 뜻이니까요. 소지마립간의 뒤를 바로 잇지는 못하고 지증마립간이란 왕을 사이에 두었지만 어쨌든 그는 신라의 왕이 되었습니다.

2. 일본인인가? 한국인인가?

신라본기에서 법흥왕의 이름으로 소개한 원종原宗이 많은 것을 함축하고 있습니다. 이름에 근원 '原'과 마루 '宗'을 사용한 것을 보면 그가 앞의 왕과는 다른 왕통을 시작하는 첫 인물이라고 추정이 됩니다. 앞에서 하지왕과 가실왕이 동일인물임을 설명하면서 하지와 가실의 소리인 '가시/가지'가 의미하는 '쇠 철'을 한자 金으로 바꿀 수가 있다고 했습니다. 그래서 '가시/가지왕'은 쇠왕이요 한자로는 金王이 되므로 하지왕은 가실왕과 같은 말이면서 동시에 쇠왕, 곧 금왕金王입니다.

계체천황 23년 4월 기사에 나오는 신라왕 좌리지佐利遲라는 왕은 당시 신라왕인 법흥왕 외에는 없습니다. 좌리는 '사리/사이/새/쇠/금'이 되고, '지'는 왕을 의미하므로 '금왕'이 되는데, '금왕'은 앞에서 설명해 드린 하지왕이자 가실왕입니다.

이렇게 하여 479년 중국대륙의 남조인 남제에 조공한 가라국의 하지왕은 신라의 법흥왕과 동일인물이 되었습니다. 금왕金王은 김왕金王이 되어 김 씨 성을 가진 왕계가 시작되었고, 성골 진골이라는 골품제가 시작된 것입니다. 이 김씨 왕계가 김알지와 미추왕 그리고 내물왕과 같은 계통인지 거기까지는 연구를 못 했습니다.

신라본기에서는 법흥왕에 대해 『책부원구』에서 성은 모募, 이름은 태泰라고 한다고 합니다. 법흥왕의 성씨가 '모'라는 것은 524년에 건립된 울진 봉평신라비를 통해서도 확인이 되는데, 거기서는 '모즉지매금왕牟卽智寐錦王'으로 나옵니다. 법흥왕은 당나라의 이연수가 지은 『남사』의 이맥전에서 '모태募泰'라고 나와 『책부원구』에서 말하는 법흥왕의 이름과 같습니다.

한 편, '모태'와 발음이 같은데 한자가 다른 '모대'라는 이름이 『남사』제기 영명 8년(490년)에 보입니다. '모다이'로 발음되는 모대牟大는 '모타이'로 발음되는 모태募泰와 비슷하거나 동일하니 동일인물임을 알 수가 있지요. 또한 『남사』제기 영명 8년(490년)에는 '백제왕 모대牟大'가 사신을 파견하여 표문을 올렸다고 나오는데 영명 8년, 즉 490년의 '백제왕 모대牟大'는 동성왕입니다. 그르므로 법흥왕은 동성왕과 동일인물이 됩니다.

동성왕은 『양서』에서는 '모진募秦'으로 나옵니다. 이것에 대해 『통전』에서는 모진募秦의 성을 '모을 모募'로 쓰는 것은 틀렸고 '사모할 모慕'로 써야 옳다고 주석까지 달고 있기는 하지만 틀린 것이 아니라 고대에는 募, 牟, 慕 등으로 한자는 다르게 써도 통한다는 것입니다.

이름을 나타내는 한자로 사용된 태泰, 지智, 대大, 진秦 중에서 태泰와 대大는 '타이/다이'로 발음되고, 지智와 진秦은 '지/치/진/친'으로 발음되지만 받침이 잘 생략되었음을 고려해 보면 '지' 또는 '치'로 발음이 되었을 것으로 생각됩니다. 그래서 다른 사람의 이름이 아닌가 싶을 수도 있지만 사실은 동성왕을 가리키는 이름이 두 가지였던 것입니다.

『수서』 권81 신라전에 "신라인은 원래 백제인으로 스스로 바다로 도망가 신라왕이 되고 그를 계승한 김진평은 개황 14년(594)에 사신을 보내 방물을 바쳤다"는 기사가 있습니다. 김진평은 제26대 진평왕으로 그를 계승했다고 했으니 윗대의 왕으로는 '진지왕 < 진흥왕 < 법흥왕 < 지증마립간 < 소지마립간'을 꼽을 수가 있겠습니다. 이들 가운데서 원래 백제인이었다가 스스로 도망가 신라왕이 된 인물은 앞에서 이름으로 따져 동성왕이 법흥왕과 동일인물임을 알았으므로 법흥왕 외에는 없습니다. '원래 백제인으로 스스로 바다로 도망가 신라왕이 된' 사람은 법흥왕입니다.

진실은 시간에 의해 풍화되고 사람의 이기에 의해 변질되어 기억과 추억으로 남는다더니, 『일본서기』에 곤지왕의 아들 말다왕으로 나오는 모대는 『삼국사기』에 백제의 동성왕으로만 알려져 있습니다. 하지만 그는 하지왕으로, 본국의 왕으로, 무열천황으로, 가실대왕으로, 마지막에는 신라 법흥왕으로 살다 죽었습니다. 그는 일본인인가요? 한국인인가요?

부록

신라본기 중 관련 왕기

자비마립간(慈悲麻立干)

자비마립간이 즉위하니, 눌지왕의 장자로서 어머니는 김씨이니 실성왕의
딸이다.

2년	봄 2월에 시조의 사당에 참배하였다. 여름 4월에 왜인이 병선 100여 척을 이끌고 동변을 습격하고서 월성을 포위하여 사면에 화살이 비와 같았는데, 왕이 성을 굳게 지키자 적이 물러가려 하였다. 군사를 내려쳐 무너뜨리고 달아나는 자를 쫓아 바다 입구에 이르니 적은 반 수 이상이 물에 빠져 죽었다.
3년	기사 없음
4년	봄 2월에 왕은 서불한 미사흔의 딸을 왕비로 맞이하였다. 여름 4월에 용이 금성 우물 속에 나타났다.
5년	여름 5월에 왜인이 활개성(活開城)을 습격하여 부수고 1,000명을 사로잡아 갔다.
6년	봄 2월에 왜인이 감량성을 침범하였으나 이기지 못하고 물러가니, 왕은 벌지(伐智)·덕지(德智)에게 명하여 군사를 거느리고 길가에 잠복해 있다가 들이쳐 대패시키게 하였다. 왕은 왜인이 자주 구경을 침범한다 하여 마닷가에 두 성을 쌓고, 가을 7월에 크게 열병하였다.
7년	기사 없음
8년	4월에 큰 물이 나서 17개소의 산이 무너졌다. 8월에 사벌군(沙伐郡)에 누리가 있었다.
9년	기사 없음
10년	봄에 유사(有司)에게 명하여 군함을 수리하였다. 가을 9월에 하늘이 붉어지더니 큰 별이 북쪽에서 동남쪽으로 흘렀다.

11년	봄에 고구려가 말갈과 함께 북변의 실직성(悉直城)을 습격하였다. 가을 9월에 하슬라 사람으로서 나이 15세 이상 된 자를 징발하여 이하(泥河)에 성을 쌓았다[이하는 이천(泥川)이라고도 함].
12년	봄 정월에 서울에 방(坊)과 리(里)의 이름을 정하였다. 여름 4월에 나라 서쪽에 큰 물이 나서 민가가 무너지거나 떠내려갔고, 가을 7월에 왕은 수재를 겪은 주·군을 순무하였다.
13년	삼년산성(三年山城: 3년이란 역사를 시작한 지 3년이 걸렸기 때문에 이름한 것)을 쌓았다.
14년	봄 3월에 모로성(芼老城)을 쌓았다. 겨울 10월에 유행병이 크게 번졌다.
15년	기사 없음
16년	봄 정월에 이찬 벌지와 급찬 덕지를 좌우장군(左右將軍)으로 삼았다. 가을 7월에 명활성을 수축하였다.
17년	일모(一牟)·사시(沙尸)·광석(廣石)·답달(畓達)·구례(仇禮)·좌라(坐羅) 등의 성을 쌓았다. 가을 7월에 고구려 왕 거련(巨連: 장수왕)이 친히 군사를 거느리고 백제를 공격하니, 백제 왕 경(慶: 개로왕)이 아들 문주(文周)를 보내어 원조를 청하므로 왕은 구원병을 내보냈는데, 이르기 전에 백제가 이미 함락되고 경도 역시 살해되었다.
18년	봄 정월에 왕은 명활성으로 이거(移居)하였다.
19년	여름 6월에 왜인이 동변을 침범하니 왕은 장군 덕지에게 명하여 쳐부수게 하니 200여 명을 죽이거나 사로잡았다.
20년	여름 5월에 왜인이 병력을 동원하여 5도(五道)로 침범해 왔으나 마침내 공 없이 돌아갔다.
21년	봄 2월에 밤에 붉은 빛이 비단같이 되어 땅에서 하늘까지 닿았다. 겨울 10월에는 서울에 지진이 있었다.
22년	봄 2월 3일에 왕이 돌아갔다.

소지마립간(炤智麻立干)

소지[비처(毗處)라고도 함]마립간이 즉위하니, 자비왕의 장자다. 어머니는 김씨이니 서불한 미사흔의 딸이요, 비는 선혜부인이니 이벌찬 내숙의 딸이다. 소지는 어려서부터 효행이 있고 겸공으로 처세하니 사람들이 감복하였다.

원년	대사령을 내리고, 모든 관원에게 벼슬 한 계급씩을 주었다.
2년	봄 2월에 시조의 사당에 제사지냈다. 여름 5월에는 서울에 가뭄이 들었고, 겨울 10월에 백성이 굶주리므로 창곡을 내어 나누어 주었다. 11월에 말갈이 북변을 침범하였다.
3년	봄 2월에 왕이 비열성(比列城)에 거둥하여 군사를 위로하고 군복을 주었다. 3월에 고구려가 말갈과 함께 북변으로 들어와 호명(弧鳴) 등 7개의 성을 빼앗고 또 미질부(彌秩夫)로 진군하므로, 우리 군사는 백제·가야의 구원병과 더불어 길을 나누어 막으니 적이 패하여 물러갔는데, 추격하여 이하(泥河)의 서쪽에서 쳐부수고 1,000여 명의 목을 베었다.
4년	봄 2월에 대풍이 불어 나무가 뽑혔고, 금성 남문이 불탔다. 여름 4월에 오랫동안 비가 내리므로 유사에게 명하여 죄수를 조사하도록 하였다. 5월에 왜인이 변경을 침범하였다.
5년	여름 4월에 큰 물이 나고, 가을 7월에 큰 물이 났다. 겨울 10월에 일선(一善) 땅에 거둥하여 이재민들을 위문하고 차등을 두어 곡식을 주었다.11월에 우레가 있었으며, 서울에 유행병이 성행하였다.
6년	봄 정월에 오함(烏含)을 이벌찬으로 삼았다. 3월에 토성이 달을 범하였고, 우박이 내렸다. 가을 7월에 고구려가 북변을 침범하니 우리 군사는 백제와 더불어 모산성(母山城) 아래에서 합격(合擊)하여 크게 부수었다.
7년	봄 2월에 구벌성을 쌓았고, 여름 4월에 친히 시조의 사당에 제사 지내고 사당지기 20호를 더 두었다. 5월에 백제가 내빙하였다.

8년	봄 정월에 이찬 실죽(實竹)을 승진시켜 장군으로 삼고 일선 땅의 장정 3,000명을 징발하여 삼년(三年) · 굴산(屈山) 두 성을 개축하였다. 2월에 내숙(乃宿)을 이벌찬으로 삼고 국정에 참여토록 하였다. 여름 4월에 왜인이 변경을 침범하였다. 가을 8월에 낭산 남쪽에서 크게 열병하였다.
9년	봄 2월에 내을(柰乙)에 신궁을 두었는데, 내을은 시조가 처음 태어난 곳이다. 3월에 비로소 사방에 우역(郵驛)을 두고 소관 관원에게 명하여 관도(官道)를 수리하게 하였고 가을 7월에 월성을 수축하였다. 겨울 10월에 우레가 있었다.
10년	봄 정월에 왕은 월성으로 이거하였다. 2월에 일선군에 거동하여 환과고독을 위문하고 차등을 두어 곡식을 주었다. 3월에 일선에서 돌아오면서 거친 주 · 군의 죄수에게 두 가지 사형 죄를 제외하고는 모두 용서하였다. 여름 6월에 동양(東陽)에서 눈이 여섯 개 있는 거북을 진상하였는데, 배 아래에 글자가 있었다. 가을 7월에 도나성(刀那城)을 쌓았다.
11년	봄 정월에 놀고먹는 백성을 모아 농사터로 보냈다. 가을 9월에 고구려가 북변을 습격하여 과현(戈峴)에 이르고, 겨울 10월에 고산성을 함락시켰다.
12년	봄 2월에 비라성을 중축하였으며, 3월에 용이 추라정에 나타났다. 처음으로 서울에 점포를 열어서 사방의 화물을 통하게 하였다.
13년	기사 없음
14년	봄 · 여름이 가물었으므로 왕은 자신을 책하여 반찬을 평상시보다 줄였다.
15년	봄 3월에 백제 왕 모대(牟大)가 사신을 보내어 청혼하므로, 왕은 이벌찬 비지(比智)의 딸을 보내주었다. 가을 7월에 임해(臨海) · 장령(長嶺) 두 진영을 설치하여 왜적을 방비하였다.
16년	여름 4월에 큰 물이 났다. 가을 7월에 장군 실죽(實竹) 등이 고구려와 살수의 들에서 싸워 이기지 못하고 물러나 견아성(犬芽城)을 보전하니 고구려 군사가 포위하였는데, 백제 왕 모대가 군사 3,000명을 보내어 구원하였으므로 포위망을 벗어나게 되었다.

17년	봄 정월에 왕은 친히 신궁에 제사 지냈다. 가을 8월에, 고구려가 백제의 치양성(雉壤城)을 포위하니, 백제가 원조를 청하였으므로, 왕은 장군 덕지에게 명하여 군사를 거느리고서 구원하게 하여 고구려 군사가 무너졌다. 백제 왕은 사신을 보내어 감사를 표하였다.
18년	봄 2월에 가야국에서 흰 꿩을 보내왔는 꼬리의 길이가 다섯 자였다. 3월에 궁실을 중수하였다. 여름 5월에 큰 비로 인하여 알천물이 불어 200여 민가가 떠내려갔다. 가을 7월에 고구려가 우산성(牛山城)을 공격해 오니 장군 실죽이 출격하여 이하 위에서 무너뜨렸다. 8월에 남교(南郊)에 거둥하여 농사를 보았다.
19년	여름 4월에 왜인이 변경을 침범하였다. 가을 7월에 가뭄이 들고 누리가 있었다. 여러 관원에게 명하여 재주가 능히 백성을 다스릴 수 있는 자를 한 사람씩 천거하게 하였다. 8월에 고구려가 우산성을 공격하여 함락시켰다.
20년	기사 없음
21년	기사 없음
22년	봄 3월에 왜인이 장봉진(長峯鎭)을 공격하여 함락시켰다. 여름 4월에 폭풍으로 나무가 뽑혔고, 용이 금성 우물에 나타났다. 서울에 누런 안개가 사방을 덮었다. 가을 9월에 왕이 날기군(捺己郡)에 행차하였는데 군민 파로(波路)에게 딸이 있어 이름은 벽화(碧化), 나이는 16세이며 참으로 국색이었다. 그 아버지는 비단과 자수의 옷을 입혀 수레에 앉히고 채색비단으로 덮어씌워 왕에게 바치니, 왕은 음식으로 여기고 열어보았는데, 감연한 어린 계집아이였으므로 괴이히 여겨 받지 않았다. 환궁한 뒤에 생각을 마지않더니 두세 번 미행하여 그 집에 거둥하였다. 돌아오는 길에 고타군(古陁郡)을 경유하여 할멈의 집에서 유숙하게 되었다. (왕이) 묻기를, "지금 사람들이 국왕을 어떤 왕이라 하는가?" 하니, 할멈이 대답하기를, "모두가 성인으로 여기지만 저는 홀로 의심합니다. 왜냐하면 듣기에 왕이 날기의 딸을 가까이 하여 자주 미복하고 온다고 하니 무릇 용이 고기의 탈을 쓰면 어부에게 잡히게 되는 것이거늘. 이제 왕이 만승(萬乘)의 지위로서 자중할 줄 모르는데 이를 성인이라 한다면 누구인들 성인이 아니겠습니까." 하였다. 왕이 듣고 크게 부끄럽게 여겨 몰래 그 계집을 맞이하여 별실에 두었는데 그런 뒤로 아들 하나를 낳았다. 겨울 11월에 왕이 돌아갔다.

지중마립간(智證麻立干)

지증마립간이 즉위하니, 성은 김씨이고 위는 지대로[智大路: 지도로(智度路)·지철로(智哲路)라고도 함]다. 내물왕(奈勿王)의 증손이고, 습보(習寶) 갈문왕의 아들이며, 소지왕의 재종제(再從弟)다. 어머니는 김씨 조생(鳥生)부인이니 눌지왕의 딸이요, 비는 박씨 연제(延帝)부인이니 이찬 등흔(登欣)의 딸이다. 왕은 체격이 크고 담력이 월등하였는데, 전 왕이 돌아가고 아들이 없었기 때문에 위를 계승하였다. 그때 나이는 64세였다. 논하여 말하기를, 신라왕에는 거서간(居西干)이라 칭한 이가 하나, 차차웅(次次雄)이 하나, 이사금(尼師今)이 열여섯, 마립간(麻立干)이 넷이다. 신라 말의 명유(名儒) 최치원(崔致遠)의 저작인《제왕연대력(帝王年代曆)》에는 모두 아무 왕이라 칭하고 거서간 등은 말하지 않았으니 아마도 그 말이 야비하여 족히 칭할 바 못 된다는 셈싶다. (그러나)《좌전(左傳)》·《한서(漢書)》는 중국의 사서로, 오히려 초어(楚語)의 누오도[유호(乳虎): 새끼 밴 범을 뜻함]와 흉노어(匈奴語)의 탱리고도(천자를 의미함) 등이 들어 있으니, 이제 신라의 사적을 기록함에 그 방언을 남겨두는 것이 또한 마땅할 것이다.

2년	기사 없음
3년	봄 3월에 영을 내려 순장을 금하라 하였다. 전에는 국왕이 돌아가면 남녀 각 5명씩 순장하였는데 지금에 와서 금지하게 되었다. 친히 신궁(神宮)에 제사 지냈다. 3월에 주·군주에게 명하여 농사를 권장하게 하니, 비로소 소를 이용하여 밭을 갈았다.
4년	겨울 10월에 여러 신하가 말하기를, "시조께서 창업한 이래 국호를 정하지 못하고 혹은 사라, 혹은 사로, 혹은 신라라 하였는데 신 등이 생각건대, 신(新)은 덕업(德業)을 일신(日新)한다는 것이요, 라(羅)는 사방을 망라하는 뜻이므로, 그 국호를 정하는 것이 마땅한 것 같습니다. 또 예로부터 보건대 국가를 지닌 분은 모두 제왕(帝王)이라 칭하였는데 우리 시조께서 나라를 세워 지금 제22대에 이르도록 다만 방언만을 칭하고 존호를 바로잡지 못하였으니 이제 여러 신하의 총의(總意)에 의하여 삼가 신라국 왕이라는 존호를 올립니다." 하니 왕은 응종하였다.

5년	여름 4월에 상복법(喪服法)을 제정하여 반포하였다.
	가을 9월에 역부(役夫)를 징발하여 파리(波里) · 미실(彌實) 진덕(珍德) · 공화(骨火) 등 12개 성을 쌓았다.
6년	봄 2월에 왕은 친히 국내의 주 · 군 · 현을 정하였다. 실직주(悉直州)를 설치하고 이사부(異斯夫)를 군주(軍主)로 삼았으니, 군주의 명칭이 이에서 비롯되었다.
	겨울 11월에 비로소 소속 관원에게 명하여 얼음을 저장토록 하고, 또 배[船]의 이로움을 만들었다.
7년	봄 · 여름이 가물어 백성이 굶주리므로 장곡을 풀어 구제하였다.
8년	기사 없음
9년	기사 없음
10년	봄 정월에는 서울에 동시(東市)를 설치하였으며,
	3월에 함정을 만들어 맹수의 피해를 제거하였다.
	가을 7월에 서리가 내려 콩이 죽었다.
11년	여름 5월에 지진으로 집이 무너지고 죽은 사람도 있었다.
	겨울 10월에 우레가 있었다.
12년	기사 없음
13년	여름 6월에 우산국(于山國)이 항복하고 해마다 토산물을 바치기로 하였다. 우산국은 명주(溟州) 정동쪽의 해도(海島)인데 혹은 울릉도라고도 말하며, 땅은 사방 100리로 험을 믿고 항복하지 않았었다. 이찬 이사부가 하슬라주(何瑟羅州)의 군주가 되자, 우산국 사람들이 미련하고 사나워서 위엄만으로는 항복시키기 어려우니 꾀로써 굴복시켜야 할 것이다 하고, 나무를 깎아 사자의 우상을 많이 만들어 전선에 나누어 싣고 그 나라 해안에 이르러 속여 말하기를, "너희가 만약 항복하지 않는다면 곧 이 맹수를 놓아 밟아 죽이도록 할 것이다." 하니, 나라 사람들이 매우 두려워하고 바로 항복하였다.
14년	기사 없음
15년	봄 정월에 이시촌(阿尸村)에 소경(小京)을 설치하고,
	가을 7월에 6부 및 남쪽 지방의 인구를 옮기어 호(戶)을 충실하게 하였다. 왕이 돌아가니 시호를 지증(智證)이라 하였다. 신라의 시법(謚法)이 이에서 비롯되었다.

법흥왕(法興王)

법흥왕이 즉위하니, 휘는 원종[原宗:《책부원구(册府元龜)》에는 성은 모(募), 이름은 태(泰)라 하였음]이고, 지증왕의 원자다. 어머니는 연제부인이요, 비는 박씨 보도(保刀)부인이다. 왕의 키는 7척이고, 성품이 관후하여 사람을 사랑하였다.

2년	기사 없음
3년	봄 정월에 친히 신궁에 제사 지냈다. 용이 양산 우물 속에 나타났다.
4년	여름 4월에 비로소 병부(兵部)를 설치하였다.
5년	봄 2월에 주산성(株山城)을 쌓았다.
6년	기사 없음
7년	봄 정월에 율령(律令)을 선포하고 비로소 백관의 공복(公服)에 주(朱)·자(紫)의 차서(次序)를 정하였다.
8년	양(梁)나라에 사신을 보내어 토산물을 바쳤다.
9년	봄 3월에 가야국 왕이 사신을 보내어 청혼을 하므로 왕은 이찬 비조부(比助夫)의 누이를 보냈다.
10년	기사 없음
11년	가을 9월에 왕이 국경 남쪽을 순시하고 국토를 개척하였으며, 가야국 왕이 와서 회견(會見)하였다.
12년	봄 2월에 대아찬 이등(伊登)을 사벌주의 군주로 삼았다.
13년	기사 없음
14년	기사 없음

15년	비로소 불법을 행하였다. 처음 눌지왕 시대에 사문(승려) 묵호자(墨胡子)가 고구려에서 일선군(一善郡)에 이르니 군민 모례(毛禮)가 집 안에 굴실(窟室)을 만들고 그곳에 거처하게 하였다. 때마침 양나라에서 사신을 보내어 의복과 향(香)을 주었는데 여러 신하가 그 향의 이름과 소용처를 몰라 사람을 시켜 향을 가지고 다니며 널리 물었다. 묵호자가 보고 그 이름을 일러주며 말하기를, "이것을 사르면 향기가 대단하여 신성(神聖)께 정성을 통할 수 있으며, 신성이란 삼보(三寶)에서 지나는 것이 없으니, 첫째 불타(佛陀)요, 둘째 달마(達摩)요, 셋째 승가(僧伽)다, 만약 소원을 두고 이것을 사르면 반드시 영험이 있으리라." 하였다. 이때 왕녀가 병으로 위독하니 왕은 호자로 하여금 향을 사르며 맹세를 표하게 하였더니 왕녀의 병이 곧 낫는지라 왕을 매우 기뻐하며 선물을 후히 주었다. 호자는 나와서 모례를 보고 얻은 물건을 주며 말하기를, "나는 지금 갈 데가 있다." 하고 작별을 청하였는데 간 곳을 알 수 없었다. 비처왕(毗處王: 소지왕) 때 이르러서 아도[阿道: 아도(我道)로도 씀]라는 화상이 시자 3명과 함께 역시 모례의 집에 왔는데 모습이 묵호자와 흡사하였다. 그는 몇 년을 머물러 있다가 병든 일도 없이 죽었고, 그 시자 3명은 그대로 남아서 역시 경률(經律)을 강독하니 신봉자가 왕왕 있었다. 이에 이르러 왕도 역시 불교를 흥기(興起)시키려 하였는데, 여러 신하가 믿지 않으며 말만 많으므로 왕이 난처하게 여기자 근신(近臣) 이차돈[異次頓: 처도(處道)라고도 함]이 말하기를, "청컨대 소신(小臣)을 베어 중의(衆議)를 정하십시오." 하였다. 왕이 말하기를, "도를 일으키자는 것이 근본인데 무고한 사람을 죽일 수는 없소." 하자, 대답하기를, "만일 도(道)를 행할 수 있다면 신은 비록 죽는다 해도 유감이 없습니다." 하였다. 왕은 이에 여러 신하를 불러 물으니 모두 말하기를, "지금 보면 중은 머리 깎고 기이한 옷을 입고 의론이 기괴하여 상도(常道)가 아니니 이제 만약 놔둔다면 후회가 있을까 두렵습니다. 신 등은 비록 중죄(重罪)를 입는다 해도 감히 명령을 받들지 못하겠습니다." 하는데, 이차돈만이 말하기를, "지금 여러 신하들의 말은 옳지 못합니다. 무릇 비상한 사람이 있은 연후에 비상한 일도 있는 것이거늘, 듣건대 불교는 이치가 깊다고 하니 불가불 믿어야 될 것입니다." 하였다. 왕이 말하기를, "여러 사람의 말을 깨뜨릴 수 없는데 그대 홀로 다른 말을 하니 양편을 따를 수는 없다." 하고 드디어 형리에게 죽이게 하였다. 이차돈이 죽음에 임하여 말하기를, "나는 법을 위해 형을 받으니 불(佛)이 신령하다면 내가 죽은 뒤에 반드시 이상한 일이 있으리라." 하였다. 급기야 목을 베자 잘린 곳에서 피가 솟는데 빛이 희어 젖과 같으므로 여러 사람들이 괴이히 여겨 다시는 불사를 비방하지 않았다[이는 김대문의 《계림잡전(鷄林雜傳)》에 의거하여 쓴 것이요, 한내마 김용행(金用行)의 소작인 아도화상비(我道和尙碑)의 기록과는 전혀 다름].
16년	영을 내려 상생을 금지하였다.
17년	기사 없음

18년	봄 3월에 유사에게 명하여 제방(堤防)을 수리하였고, 여름 4월에 이찬 철부(哲夫)를 승진시켜 상대등으로 삼고 국사를 총지(總知)토록 하였으니, 상대등의 관(官)이 이에서 비롯되었으며, 지금의 재상과 같다.
19년	금관국(金官國) 왕 김구해(金仇亥)가 비(妃) 및 세 아들인 장자 노종(奴宗), 둘째 무덕(武德), 셋째 무력(武力)과 함께 국고의 보물을 가지고 항복해 오니, 왕은 예를 다하여 대접하며 상등(上等)의 위를 제수하고 그 본국을 식읍(食邑)으로 삼게 하였으며, 아들 무력은 벼슬하여 각간에 이르렀다.
20년	기사 없음
21년	상대등 철부가 죽었다.
22년	기사 없음
23년	비로소 연호(年號)를 건원(建元) 원년이라고 칭하였다.
24년	기사 없음
25년	봄 정월에 외관은 가족을 데리고 부임해도 좋다는 교허를 내렸다.
26년	기사 없음
27년	가을 7월에 왕이 돌아가니 시호를 법흥(法興)이라 하고, 애공사(哀公寺) 북봉(北峯)에 장사 지냈다.

김부식, 최 호 역해 『삼국사기 (1)』을 독자가 읽기 편하도록 필자가 연도별로 재정렬시킨 것입니다.

백제본기 중 관련 왕기

문주왕(文周王)

문주왕[문주(汶洲)라고도 씀]은 개로왕의 아들이다. 처음에 비유왕이 돌아가고 개로가 왕위를 잇자 문주가 보좌하여 상좌평(上佐平)의 직위에 이르렀다. 개로왕 재위 21년에 고구려가 침범해 와서 한성을 포위하므로 개로왕이 성을 굳게 지키고 문주로 하여금 신라에 구원을 청하게 하니, 군사 1만 명을 얻어서 돌아왔다. 고구려 군사가 비록 물러 갔으나 성이 부서지고 왕이 돌아갔으므로 드디어 즉위하였다. 성품이 유순하여 결단을 못하였으나 백성을 사랑하였으므로 백성도 (왕을) 사랑하였다.

	겨울 10월에 도읍을 웅진(熊津)으로 옮겼다.
2년	봄 2월에 대두산성(大豆山城)을 수리하고 한강 이북의 민호를 옮겼다. 3월에 사신을 송(宋)에 보내어 조공하려 하였으나 고구려가 길을 막아서 도달하지 못하고 돌아왔다. 여름 4월에 탐라국(耽羅國)에서 토산물을 바치니 왕은 기뻐하고 사자를 등용하여 은솔로 삼았다. 가을 8월에 해구(解仇)를 병관좌평으로 삼았다.

3년	봄 2월에 궁실을 중수하였다. 여름 4월에 왕의 아우 곤지(昆支)를 등용하여 내신좌평으로 삼고 장자 삼근(三斤)을 태자로 봉하였다. 5월에 흑룡(黑龍)이 웅진에 나타났다. 가을 7월에 내신좌평 곤지가 죽었다.
4년	가을 8월에 병관좌평 해구가 권력을 제멋대로 부려 법을 어지럽히고 임금을 무시하는 마음이 있었으나 왕이 능히 제어하지 못하였다. 9월에 왕이 사냥 나가 밖에서 묵게 되자 해구가 도둑으로 하여금 해치게 하니 드디어 돌아갔다.

삼근왕(三斤王)

삼근왕[임걸(王乞)이라고도 함]은 문주왕의 장자로 왕이 돌아가자 왕위를 계승하였는데, 나이 13세였으므로 군국정사(軍國政事) 일체를 좌평 해구에게 위촉하였다.

2년	봄에 좌평 해구가 은솔 연신(燕信)과 더불어 군중을 모아 대두성(大豆城)에 웅거하여 배반하니 좌평 진남(眞男)에게 명하여 군사 2,000명을 거느리고서 치게 하였으나 이기지 못하였다. 다시 덕솔 진로(眞老)에게 명하여 정병 5,000명을 거느리고 해구를 쳐 죽이게 하였다. 연신이 고구려로 달아나니 그 처자를 잡아다가 웅진시에서 베어 죽였다. 논하여 말하기를,《춘추》의 법에 임금이 시해를 당했는데도 적을 치지 않는다면 깊이 책하여 신자(臣子)가 없다 하였다. 해구가 문주왕을 살해하였는데 그 아들 삼근이 위를 계승하여 능히 베어 죽이지 못하고 또 국정까지 위촉하였으며, 하나의 성을 점령하여 배반에 이른 후에도 두 번이나 큰 병력을 일으켜 이겼으니, 소위 서리를 밟고도 경계하지 않아서 굳은 얼음에 이르고, 반짝이는 불을 끄지 않아서 훨훨 타는 데 이른 것과 같이 그 인한 것이 점차 오는 것이다. 당 헌종(唐 憲宗)이 시해되고 3대를 지난 뒤에 겨우 그 적을 죽였는데 하물며 해우(海隅)의 황피한 곳의 삼근과 같은 어린이야 어찌 족히 말할 수 있으랴. 3월 기유일(己酉日) 초하루에 일식이 있었다.
3년	봄·여름이 크게 가물었다. 가을 9월에 대두성을 두곡(斗谷)으로 옮겼다. 겨울 11월에 왕이 돌아갔다.

동성왕(東城王)

　동성왕의 휘는 모대[牟大: 마모(摩牟)라고도 씀]이며 문주왕의 아우 곤지(昆支)의 아들이다. 담력이 뛰어나고 활을 잘 쏘아 백발백중하였다. 삼근왕이 돌아가자 즉위하였다.

2년	기사 없음
3년	기사 없음
4년	봄 정월에 진로(眞老)를 승진시켜 병관좌평으로 삼고 내외병마사를 겸임토록 하였다. 가을 9월에 말갈이 한산성을 습격하여 깨뜨리고 300여 호를 노략하고 돌아갔다. 겨울 10월에 큰 눈이 한 장(丈)이 넘도록 내렸다.
5년	봄에 왕이 사냥 나가 한산성에 이르러 군민을 위문하고 열흘이 되어서 돌아왔다. 여름 4월에 웅진 북쪽에서 사냥하여 신록(神鹿)을 잡았다.
6년	봄 2월에 왕은 남제(南齊)의 조(祖: 고조) 도성(道成)이 고구려의 거련을 책봉하여 표기대장군으로 삼았다는 말을 듣고 사자를 보내어 표(表)를 올려 내속(內屬)되기를 청하니 허락하였다. 가을 7월에 내법좌평 사약사(沙若思)를 남제에 보내어 조공케 하였는데 약사는 서해 중간에 이르러 고구려 군사를 만났으므로 가지 못하였다.
7년	여름 5월에 사신을 신라에 보내어 방문하였다.
8년	봄 2월에 백가(苩加)를 위사좌평(衛士佐平)으로 삼았다. 3월에 사신을 남제에 보내어 조공하였다. 가을 7월에 궁실을 중수하고 우두성(牛頭城)을 쌓았다. 겨울 10월에 궁 남쪽에서 크게 열병하였다.
9년	기사 없음
10년	위(魏)가 군사를 보내어 치러 오다가 우리에게 패하였다.
11년	가을에 크게 풍년이 들었다. 나라 남쪽의 해촌(海村) 사람이 합영화(合穎禾: 이삭이 합쳐진 벼)를 진상하였다. 겨울 10월에 왕은 단을 설치하고 천지신명에 제사 지냈다. 11월에 남당(南堂)에서 여러 신하와 잔치하였다.

12년	가을 7월에 북부 사람으로 나이가 15세 이상 되는 자를 징발하여 사현(沙峴)·이산(耳山)의 2성을 쌓았다. 9월에 왕이 나라 서쪽 사비원 사냥하였다. 연돌(燕突)을 달솔로 삼았다. 겨울 11월에 얼음이 얼지 않았다.
13년	여름 6월에 웅천물이 넘어 왕도의 200여 집이 떠내려갔다. 가을 7월에 백성이 굶주려 신라로 도망간 자가 600여 호나 되었다.
14년	봄 3월에 눈이 내렸다. 여름 4월에 태풍으로 나무가 뽑혔다. 겨울 10월에 왕이 우명곡(牛鳴谷)에서 사냥하여 친히 사슴을 쏘았다.
15년	봄 3월에 왕이 사신을 신라에 보내어 혼인을 청하니 신라왕이 이찬 비지(比支)의 딸을 보냈다.
16년	가을 7월에 고구려가 신라와 더불어 살수(薩水)의 들에서 싸웠는데 신라가 이기지 못하고 물러나 견아성(犬牙城)을 보전하니 고구려 군사가 포위하였다. 왕이 군사 3,000명을 보내어 구원하여 포위가 풀렸다.
17년	여름 5월 갑술일 초하루에 일식이 있었다. 가을 8월에 고구려가 치양성(雉壤城)을 포위해 오므로 왕은 신라에 사신을 보내어 구원을 청하니, 신라 왕이 장군 덕지(德智)에게 명하여 군사를 거느리고 구원케 하였다. 고구려 군사가 물러갔다.
18년	기사 없음
19년	여름 5월에 병관좌평 진로가 죽었으므로 달솔 연돌을 병관좌평으로 삼았다. 여름 6월에 큰 비가 내려 민가가 무너지고 떠내려갔다.
20년	웅진교를 가설하였다. 가을 7월에 사정성(沙井城)을 쌓고 한솔 비타(毗陀)에게 지키게 하였다. 8월에 왕은 탐라(耽羅)가 조공의 예를 닦지 않으므로 친히 정벌하려고 무진주에 이르렀는데 탐라가 듣고 사자를 보내어 죄를 구하니 중지하였다[탐라는 곧 탐모라임].
21년	여름에 크게 가물어서 백성이 굶주리고 서로 잡아먹을 정도였고 도둑이 많이 일어나므로 신하들이 창곡을 구제하기를 청하였으나 왕이 듣지 않았다. 한산 사람으로서 고구려로 도망해 들어간 자가 2,000명이었다. 겨울 10월에 크게 괴질이 유행하였다.

22년	봄에 궁 동쪽에 임류각(臨流閣)을 지었는데 높이가 5장(丈)이다. 또 진귀한 새를 기르므로 신하가 항소로써 간하였으나 받아들이지 않고 다시 간하는 자가 있을까 두려워하여 궁문을 닫아 버렸다. 논하여 말하기를, 좋은 약은 입에 쓰지만 병에 이롭고, 충성의 말은 귀에 거슬리지만 행동에 이롭다 하였다. 그러므로 옛날의 밝은 임금은 자신을 비우고 정사를 묻고 안색을 화평히 하여 간언을 받아들이되 오히려 사람이 말하지 않을까 두려워하여 간언의 북을 달고 비방의 나무를 세우고도 마지않았는데, 지금 모대왕은 간서(諫書)를 올려도 살피지 않고 다시 문을 닫고 막으니 장자(莊子)가 말하기를, "허물을 보고도 고치지 않고 간언을 듣고도 더욱 심한 것을 일러 사납다 하는 것이다." 하였다. 그것은 모대왕을 두고 이르는 것인가.
	여름 4월에 왕이 우두성에서 사냥하다가 우박을 만나 이내 중지하였다.
	5월에 가물었다. 왕은 좌우와 더불어 임류각에서 잔치하며 밤이 다하도록 즐겼다.
23년	봄 정월에 왕도의 노파가 여우로 변하여 가버렸다. 호랑이 두 마리가 남산에서 싸우므로 잡으려다 못잡았다.
	3월에 서리가 내려 보리를 해쳤다.
	여름 5월에 비가 오지 않고 가을에 이르렀다.
	7월에 탄현(炭峴)에 책을 만들어 신라를 방비하였다.
	8월에 가림성(加林城)을 쌓고 위사좌평 백가로 하여금 지키게 하였다.
	겨울 10월에 왕이 사비의 동원(東原: 동쪽 들)에서 사냥하였다.
	11월에 웅천의 북원에서 사냥하고 사비의 원에서 사냥하는데 큰 눈이 내려서 막혔으므로 마포촌(馬浦村)에서 묵었다. 처음에 왕이 백가에게 가림성을 지키게 하였으나 가(백가)는 가지 않으려고 병을 칭하여 사임하니 왕이 허락지 않았다. 이로써 왕을 원망하더니 이에 이르러 사람을 시켜 왕을 칼로 찌르게 하였다.
	12월에 이르러서 돌아가니, 시호를 동성왕이라 하였다. [《책부원구》에 이르기를 '남제 건원 2년에 백제 왕 모도(牟都)가 사신을 보내어 조공을 드리니 조서를 내리기를, '보명이 오직 새로워 은택이 먼 지역까지 덮었다. 모도는 동방에서 번국이 되어 먼 외지까지 직분을 지키므로 곧 사지절도독 백제제군사 진동대장군을 제수함이 옳다' 하였고, 또 영명(永明) 8년에백제 왕 모대가 사신을 보내어 표를 올리므로 알자복야 손부(孫副)를 보내어 대(모대)를 책명하며 망조부(亡祖父) 모도(牟都)를 세습하여 모도를 백제 왕으로 삼고 말하기를, "아! 생각건대 그대는 대대로 충근을 이어받아 정성이 먼 곳에 나타났다 바닷길이 조용하고 조공도 끊임없기를 바라며 이에 이전[彛典: 상도(常道)]에 따라 천명을 이를수록 공경하라. 아름다운 대업을 공경히 받으니 신중하지 않을 수 있겠는가. 행도독 백제제군사 진동대장군 백제 왕을 삼는다." 하였으나,《삼한고기(三韓古記)》에는 모도가 왕이 된 일이 없고 또 살펴보면 모대는 개로왕의 손자요, 개로왕의 둘째 아들 곤지의 아들이라 하였으며, 그 조부가 모도라는 말이 없으니 《제서(齊書)》에 실린 것을 의문치 않을 수 없다].

무령왕(武寧王)

무령왕의 휘는 사마[斯摩: 융(隆)이라고도 함]이며 모대왕의 둘째 아들이다. 신장이 8척이요, 눈썹과 눈이 그림과 같고 인자·관후하니 민심이 귀부(스스로 복종함)하였다. 모대왕이 재위 23년에 돌아가자 즉위하였다.

	봄 정월 좌평 백가(苩加)가 가림성에 웅거하여 배반하므로 왕이 병마를 거느리고 우두성에 이르러 한솔 해명(解明)에게 명하여 토벌케 하니 백가가 나와 항복하였다. 왕은 (백가를) 베어 백강(白江)에 던졌다. 논하여 말하기를, 《춘추》에 이르기를, '신하에게는 장(將: 거느리는 것)이 없으므로 장이 있다면 반드시 죽여야 한다.' 하였다. 백가와 같은 모진 원흉은 천지에 용납지 못할 것인데 곧 죄를 주지 못하고, 이에 이르러 스스로 모면키 어려움을 알고 모반한 뒤에야 죽였으니 늦은 일이다." 하였다. 겨울 11월에 달솔 우영(優永)을 보내어 군사 5,000명을 거느리고 고구려의 수곡성을 습격하게 하였다.
2년	봄에 백성이 굶주리고 또 괴질이 유행하였다. 겨울 11월에 군사를 보내어 고구려의 변경을 침범하였다.
3년	가을 9월에 말갈이 마수책(馬首柵)을 불 지르고 나아가 고목성을 공격하니 왕이 군사 5,000명을 보내어 격퇴시켰다. 겨울에 얼음이 얼지 않았다.
4년	기사 없음
5년	기사 없음
6년	봄에 크게 괴질이 유행하였다. 3월에서 5월까지 비가 오지 않아 천택이 마르고 백성이 굶주리므로 창름을 열어 구호하였다. 가을 7월에 말갈이 고목성을 침범해 와 깨뜨리고 600여 명을 죽이거나 사로잡아 갔다.
7년	여름 5월에 고목성 남쪽에 두 책을 세우고 또 장령성(長嶺城)을 쌓아 말갈에 방비하였다. 겨울 10월에 고구려 장수 고로(高老)가 말갈과 더불어 모의하고 한성(漢城)을 공격하려고 횡악 아래에 주둔하니, 왕이 군사를 내어 싸워서 물리쳤다.
8년	기사 없음

9년	기사 없음
10년	봄 정월에 영을 내려 제방을 완고히 하게 하고 내외의 놀고 먹는 자를 몰아서 농사터로 돌려보냈다.
11년	기사 없음
12년	여름 4월에 사신을 양(梁)에 보내어 조공하였다. 가을 9월에 고구려가 가불성(加弗城)을 습격하여 빼앗고 군사를 옮겨 원산성(圓山城)을 깨뜨려 살상과 약탈이 매우 많았다. 왕은 용감한 기병 3,000명을 거느리고 위천(葦川)의 북쪽에서 싸웠는데, 고구려 사람들이 왕의 군사가 직음을 보고 쉽게 생각하여 진영도 만들지 않았으므로, 왕은 기병(奇兵)을 내어 급히 쳐서 대파시켰다.
13년	기사 없음
14년	기사 없음
15년	기사 없음
16년	봄 3월 무진일 초하루에 일식이 있었다.
17년	기사 없음
18년	기사 없음
19년	기사 없음
20년	기사 없음
21년	여름 5월에 큰 물이 났다. 가을 8월에 누리가 있어 곡물이 상하였다. 백성이 굶주려 신라로 도망간 자가 900호였다. 겨울 11월에 사신을 양에 보내어 조공하였다. 앞서 고구려에게 패하여 여러 해를 쇠약하게 지내다가 이에 이르러 표를 올려서 여러 번 고구려를 부수었다고 일컫고 비로소 우호를 통하였다. 다시 강국(强國)이 되었다. 12월에 (양) 고조(高祖)는 조서를 내려 왕을 책봉하기를, "행도독 백제제군사 진동대장군 백제 왕 여융(餘隆)은 바다 밖에서 번방을 지키고 멀리 직공의 예를 닦아 정성이 지극하므로 내가 아름답게 여긴다. 마땅히 옛 법에 따라 영명(榮命)을 제수하여 사지절도독 백제제군사 영동대장군이라 함이 옳다." 하였다.

22년	가을 9월에 왕이 호산(狐山)의 들에서 사냥하였다. 겨울 10월에 지진이 있었다.
23년	봄 2월에 왕이 한성에 행행하여 좌평 인우(因友)·달솔 사오(沙烏) 등에게 명하여 한북(漢北)의 주(州)·군(郡) 사람으로 15세 이상 된 자를 징발하여 쌍현성(雙峴城)을 쌓게 하였다. 3월에 (왕이) 한성에서 돌아왔다. 여름 5월에 왕이 돌아가니 시호를 무령(武寧)이라 하였다.

김부식, 최 호 역해 『삼국사기 (2)』를 독자가 읽기 편하도록 필자가 연도별로 재정렬시킨 것입니다. 다만, '무녕'왕으로 나오는 것을 '무령'왕으로 고쳤습니다.

아주 오래 전부터 사람들은 이동에 이동을 거듭하면서 살아 왔습니다. 전쟁, 대규모 토목공사 또는 기후 변화를 피해 끊임없이 이동, 이주하면서 민족을 이루고 나라를 이루면서 살았습니다. 나라 땅이 넓어지기도 하고, 줄어들기고 하고, 때로는 통합되기도 하고 강력했던 나라나 민족이 없어지기도 했습니다. 『천년왕국 수시아나에서 온 환웅』과 『고깔모자를 쓴 단군』을 쓴 정형진 님에 의하면 '부여'는 저 멀리 지금의 터키에 있던 프리기아라는 나라에서 온 망명인들이 세운 나라라고 합니다. 또한 대마도 이키섬 큐슈에 있던 소국들의 명칭 및 지도자 이름에서도 프리기아와의 관련성을 찾아볼 수가 있다고 합니다. 중국의 역사에서 5호 16국 시대라고 하는 4세기 5세기 때도 그랬습니다. 사람들은 중국대륙에서 한반도로, 다시 일본열도로 흘러갔습니다.

19세기 말 영국인 탐험여행가이자 화가인 새비지 랜도어(A. Henry Savage-Landor)는 조선에 와서 조선인의 체형적 특징을 포착하고는 아시아에 거주하는 모든 인종의 표본이 정착한 것 같다고 했습니다. 한반도라는 확실한 곳에 살면서 확실한 한 왕조에 의해 다스려진 조선의 역사를 연구하는 태도와는 다른 태도로 고대사를 대해야 하는 이유가 여기에 있습니다.

고대사를 대할 때는 사고체계를 달리해야 하고, 보는 시각도 달리해야 합니다. 한 예로 조공에 대해서 생각해보겠습니다. 고대사에서의 조공은 조선시대의 '사대'와는 다르게 동아시아의 질서체계로서 작동했을 뿐입니다. 따라서 조공했다는 사실이 조공한 나라가 조공을 받은 나라에 굽혔다는 걸 말해 주지는 않습니다. 쿠데타가 비일비재하여 왕이 수시로 바뀌었던 고대사에서는 왕통의 만세일계도 통하지 않습니다. 그런 상황 속에서 적어도 자격을 갖춘 왕임을 중국대륙으로부터 공인받고자 하여 조공한 것입니다. 중국대륙으로부터 정통성을 인정을 받았으니 어디서든 자격을 갖춘 그 나라의 왕임을 내세울 수 있는 것이지요.

한국과 일본의 경우에는 '왜'가 문제가 되지요. 에가미 나미오江上波夫에 의하면 고고학적 물증을 근거로 4세기 경에 미마키라고 부르는 미마나의 진왕이 이끄는 대륙의 기마민족에 의해 일본열도가 정복되었다고 합니다. 이것에 대해 한국 측에서는 그들이 한반도에서 건너갔다고 주장하고 있는데 엄밀히 따지면 중국대륙이 맞습니다. 중국대륙에서 한반도로 이동해 갔고, 다시 한반도에서 일본열도로 이동해 간 것이니까요. 한국 측에서는 한반도에서 건너갔다고 하면서 으스대고, 일본 측에서는 그것이 아니꼬웠는지 중국대륙에서 건너왔다고 주장하고 있지요. 고대사에서는 사실을 아는 게 중요하지, 자존심을 세우는 게 중요하지 않습니다.

8세기 일본열도에 일본이라는 국가가 성립되기 전에는 한반도에서 온 사람들에 의해 세워진 나라가 왜倭였습니다. 왜는 중국대륙에서 한반도를 거쳐 일본열도로 진출한 사람들에 의해 한반도 남부지역과 북큐슈에 세워진 나라를 가리킵니다. 점점 그 나라가 커져서 지금의 오사카 지역에서부터 나라 아스카지역까지 아우르는 영토를 가지게 된 국체는 대왜大倭라고 하겠습니다. 대화大和라는 말도 쓰이는데, '왜'라는 글자가 풍기는 의미가 좋지 않다고 하여 멋진 한자로 바꾼 것입니다. 倭, 大倭 大和는 다 야마토라고 발음하지요. 야마토를 '야마 + 토'라고 보아서 한반도 변진 12국 중 하나였던 변진미오야마국에서 건너간 사람들이 세운 분국으로 '야마족의 땅'이라고 하는 분들도 계시지만, 필자는 '야' + '마토', 그러니까 예 또는 부여족과 흉노족 내지는 선비족이 세운 나라라고 봅니다.

필자는 현대의 국가 구분으로 봤을 때 한국과 일본인 나라에서 왕이 되어 살다간 '말다(모대)'라는 한 왕의 이름을 언어학적 접근을 통해 추적했습니다. 그리고 그 과정을 이 한 권의 책으로 정리해 보았습니다. 그에 대한 연구는 현재의 한국과 일본을 이해하는 데 큰 도움을 주는 것은 물론이고, 더 나아가 중국 저 너머 인도 및 중앙아시아까지도 이해의 폭을 넓히는 데 실마리가 될 것으로 확신합니다.

현재 중국과 한국, 한국과 일본 그리고 중국과 일본은 역사문제로 또는 영토문제로 싸우고 있습니다. 그래서 '역사전쟁'이라는 말도 쓰지만, 이러한 것은 19세기 말 이후부터 정립된 민족과 국가, 그리고 국경과 국적 개념에 의한 것이지 그 옛날 고대에는 그렇지 않았습니다. 현재와 같은 국토 구분에서 보면 일정 부분은 공유할 수밖에 없는 것을 지금의 잣대로 옛날을 재고 있으니 참 마음이 편하지 않습니다. 세 나라는 적어도 동아시아적 시각으로, 민족주의적이 아닌 초

국가주의적 시각으로 고대사를 대하는 'Transnational History'를 지향해야 할 것입니다.

지금 우리는 다양한 가치관과 다양한 문화 속에서 다양한 민족이 어우러져 함께 살고 있습니다. 다민족사회를 향해 나아가고 있는 지금, 우리의 선조들은 어떻게 살아왔으며, 그들로부터 물려받은 우리의 것은 무엇인가에 대해 조금은 진지하게 중간 점검을 해 놓아야할 때라고 생각합니다. 이렇게 본다면 중국, 한국, 일본은 하나의 큰 민족의 우산 아래 모일 수가 있을 것이고, 지구공동체를 위해 우리가 해야 할 일도 무엇인지 잘 알 수가 있을 것입니다.

젊은이들은 취직과 결혼 등 제 앞가림하기에도 바쁜 시대입니다. 물론 고대사에 관심을 가질 여유도 없을 것으로 생각이 듭니다. 그래서 100세 시대를 맞아 젊은이 못지않게 건강한 신체로 노년을 보내고 계시는 어르신들에게 부탁 말씀드리고 싶습니다. 필자의 바람은 어르신들이 고대사에 도전하셨으면 하는 것입니다. '일만 시간의 법칙'이라고 들어보셨지요? 하루에 세 시간씩 십 년을 하면 베테랑, 전문가가 되어 무엇이든지 이룰 수 있다는 것입니다. 우리는 세계에 자랑할 만한 긴 역사를 가졌지만 고대사를 연구하는 연구자들의 수는 아주 적습니다. 한국의 고대사는 인류의 지식과 지혜가 응축된 모든 나라 사람들의 재산이라고도 말할 수 있습니다. 문헌 자체도 적지만 문자라고는 한자 밖에 없던 시대여서 다 한자로 적혀 있으니, 한자를 공부한 세대인 나이 드신 분들이 고대사 연구에 도전해보면 값있는 노후를 보내실 수 있을 것이라 믿습니다. 최인호 님의 글로 마치고자 합니다.

"역사적 사실을 지우고 없애 버린 것은 천년의 세월이 아닙니다. (중략) 그것은 바로 나를 비롯한 우리입니다. 우리 것인데 우리 것인지도 모르고 우리 것인데도 찾지 않으며, 우리 것인데도 제대로 보존하지 못하는 바로 우리의 게으름 때문입니다."

끝까지 읽어 주셔서 감사합니다.

참고 문헌

한국 단행본

강길운, 『한일고대관계사의 쟁점』, 한국문화사, 2011

구자일, 『백제소국일본사』, 지문사, 2006

구정호, 『만요슈』, 살림, 2005

권영필·김호통 편, 『중앙아시아의 역사와 문화』, 솔출판사, 2007

김경복·이희근, 『이야기 가야사』, 청아출판사, 2004

김공칠, 『일본의 만엽집 고사기 해독의 연구』, 한국문화사, 2004

김기섭, 『백제와 근초고왕』, 학연문화사, 2000

김기협, 『밖에서 본 한국사』, 돌베개, 2008

김병모, 『김병모의 고고학여행 1』, 고래실, 2006

김병모, 『김병모의 고고학여행 2』, 고래실, 2006

김부식, 최 호 역해, 『삼국사기 1』, 홍신문화사, 1997

김부식, 최 호 역해, 『삼국사기 2』, 홍신문화사, 1997

김산호, 『왜사(백제 일본 그리고 왜)』, 아시아문, 2003

김성호·김상한, 『한중일 국가기원과 그 역사』, 맑은소리, 2008

김성호, 『비류백제와 일본의 국가기원』, 지문사, 1982

김영덕, 『왜나라와 백제』, 열린출판사, 2006

김운회, 『대쥬신을 찾아서 1』, 해냄출판사, 2006

김운회, 『대쥬신을 찾아서 2』, 해냄출판사, 2006

김일권, 『고구려 별자리와 신화』, 사계절, 2008

김정민, 『단군의 나라, 카자흐스탄』, 글로벌콘텐츠, 2015

김철수, 『일본고대사와 한민족』, 상생출판, 2009

김철수, 『일본의 고신도와 한민족』, 상생출판, 2011

김향수, 『일본은 한국이더라』, 문학수첩, 1995

김현구, 『일본서기 한국관계기사 연구 (I)』, 일지사, 2002

김현구·박현숙·우재병·이재석, 『일본서기 한국관계기사 연구 (II)』, 일지사, 2002

김현구·박현숙·우재병·이재석, 『일본서기 한국관계기사 연구 (III)』, 일지사, 2002

김현구, 『백제는 일본의 기원인가』, 창비, 2006

김환대, 『신라왕릉』, 한국학술정보, 2007

도수희, 『백제의 언어와 문학』, 주류성, 2004

매일신문 특별취재팀, 『잃어버린 왕국 대가야』, 창해, 2004

문안식, 『백제의 왕권』, 주류성, 2008

박노자, 『거꾸로 보는 고대사』, 한겨레출판, 2010

박용숙, 『샤먼 제국』, 소돔, 2010

박우인, 『광개토왕이 정말 일본천황이 되었습니까 I』, 예예원, 1999

박우인, 『광개토왕이 정말 일본천황이 되었습니까 II』, 예예원, 1999

박원길, 『유라시아 초원제국의 샤마니즘』, 민속원, 2006

박창범, 하늘에 새긴 우리역사』, 김영사, 2007

부지영, 『일본, 또 하나의 한국』, 한송, 2009

박우인, 『광개토왕이 정말 일본천황이 되었습니까 II』, 예예원, 1999

서동인, 『흉노인 김씨의 나라 가야』, 주류성, 2011

서대석, 『한국 신화의 연구』, 집문당, 2001

송성래, 『향가와 만엽집의 비교연구』, 을유문화사, 1991

송종성, 『가야 백제 그리고 일본』, 서림재, 2005

송종성, 『신화 설화 그리고 역사』, 서림재, 2005

시미즈 기요시·박영미, 『아나타는 한국인』, 정신세계사, 2004

신영호, 『함평 문화유산연구』, 향지사, 1997

신용신 역, 『일본서기』, 일지사, 1989

신채호, 박기봉 옮김, 『조선상고사』, 비봉출판사, 2008

심백강, 『황하에서 한라까지』, 참좋은세상, 2007

양지승, 『역사를 버린 나라 일본』, 혜안, 1996

연민수, 『고대한일관계사』, 혜안, 1998

우실하, 『전통 음악의 구조와 원리』, 소나무, 2005

윤영식, 『백제에 의한 왜국통치 삼백년사』, 하나출판사, 1987

윤여동, 『아주 특별한 백제신라사』, 여민락, 2004

윤안식, 『백제의 왕권』, 주류성, 2008

이기훈, 『동이 한국사』, 책미래, 2014

이덕일·김병기, 『고구려는 천자의 제국이었다』, 역사의아침, 2007

이도학, 『백제사』, 휴머니스트, 2006

이병선, 『한국고대국명지명연구』, 아세아문화사, 1997

이영희, 『노래하는 역사Ⅰ』, 조선일보사, 1994

이영희, 『노래하는 역사Ⅱ』, 조선일보사, 2001

이이화, 『고구려 백제 신라와 가야를 찾아서』, 한길사, 1998

이이화, 『우리민족은 어떻게 형성되었나』, 한길사, 1998

이이화, 『삼국의 세력다툼과 중국과의 전쟁』, 한길사, 1998

이종기, 『가야공주 일본에 가다』, 책장, 2006

이형구·이기환, 『코리안 루트를 찾아서』, 성안당, 2009

이형구, 『한국고대문화의 비밀』, 김영사, 2004

이희근, 『우리안의 그들! 역사의 이방인들』, 너머북스, 2008

이희철, 『히타이트』, 리수, 2004

일 연·최 호 역해, 『삼국유사』, 홍신문화사, 1991

임길채, 『매몰된 백제역사를 복원한다! 상』, 범우사, 2003

임길채, 『매몰된 백제역사를 복원한다! 중』, 범우사, 2003

임길채, 『일본 고대국가의 형성과 칠지도의 비밀』, 범우사, 2002

임승국, 『한단고기』, 정신세계사, 1986

정수일, 『실크로드 문명기행』, 한계레출판, 2006

정연규, 『언어 속에 투영된 한민족의 상고사』, 한국문화사, 2000

정연규, 『언어 속에 투영된 한민족의 고대사』, 한국문화사, 2002

정재윤, 『사료를 보니 백제가 보인다(국외편)』, 주류성, 2007

정형진, 『실크로드를 달려온 신라왕족』, 일빛, 2005

정형진, 『천년왕국 수시아나에서 온 환웅』, 일빛, 2007

정형진, 『고깔모자를 쓴 단군』, 백산자료원, 2003

정형진, 『바람 타고 흐른 고대문화의 비밀』, 소나무, 2011

정호완, 『우리말의 상상력』, 정신세계사, 1996

징호완, 『가야의 언어와 문화』, 보고사, 2007

최범영, 『말의 무늬』, 종려나무, 2010

최인호, 『잃어버린 왕국 1』, 열림원, 2003

최인호, 『잃어버린 왕국 2』, 열림원, 2003

최인호, 『잃어버린 왕국 3』, 열림원, 2003

최인호, 『잃어버린 왕국 4』, 열림원, 2003

최인호, 『잃어버린 왕국 5』, 열림원, 2003

최인호, 『제4의 제국 1』, 여백미디어, 2006

최인호, 『제4의 제국 2』, 여백미디어, 2006

최인호, 『제4의 제국 3』, 여백미디어, 2006

최재석, 『일본고대사의 진실』, 일지사, 1998

최종철, 『금관가야 왕국』, 미래문화사, 2006

최진, 『다시 쓰는 한일 고대사』, 대한교과서, 2003

한일관계사연구논집 편찬위원회, 『왜5왕 문제와 한일관계』, 경인문화사, 2005

홍성화, 『한일고대사유적답사기』, 삼인, 2008

홍원탁, 『백제와 대화일본의 기원』, 구다라인터내셔널, 1994

번역본

류징천, 이원일 옮김, 『중국을 말한다 08 초유의 융합』, 신원출판사, 2008

르네그루쎄, 김호동·유원수·정재훈 옮김, 『유라시아 유목제국사』, 사계절출판사, 2005

모리 히로미치, 심정호 옮김, 『일본서기의 비밀』, 황소자리, 2006

베스타 S. 커티스, 임웅 역, 『페르시아 신화』, 범우사, 2013

시노다 켄이치, 박명미 옮김, 이홍규 감수, 『DNA가 밝혀주는 일본인, 한국인의 조상』, 보고사, 2008

아리엘 골란, 정석배 역, 『(선사시대가 남긴)세계의 모든 문양』, 푸른역사, 2004

와타나베 미츠토시, 채희상 옮김, 『일본천황도래사』, 지문사, 1995

Jon Carter Covell, 김유경 편역, 『부여기마족과 왜』, 글을읽다, 2006

일본 단행본

朴天秀, 『加耶と倭』, 講談社, 2007

司馬遼太郎 上田正昭 金達壽 編, 『日本の朝鮮文化』, 中央公論社, 1982

佐伯有淸 編, 『雄略天皇とその時代』, 吉川弘文館, 1988

安田喜憲, 『龍の文明 太陽の文明』, PHP硏究所, 2001

李進熙, 『日本文化と朝鮮』, 日本放送出版協會, 1989

李寧熙, 『もう一つの萬葉集』, 文藝春秋, 1991

小林惠子, 『興亡古代史』, 文藝春秋, 1998

小林惠子, 『本當は 怖ろしい 萬葉集』, 祥傳社, 2005